世界サウンドクラッシュ紀行

MIGHTY CROWN WORLD SOUND CLASH JOURNEY

イースト・プレス

結成10年のクラウンファミリー（2001年）。左から時計回りにCHOZEN LEE、SUPER CRISS、YOYO-C、JUN 4 SHOT、STICKO、COJIE、MASTA SIMON、GUAN CHAI、SAMI-T、SUPER-G

1992年、MIGHTY CROWNのオリジナルメンバーで初の大阪遠征

1995年、ブルックリンのFunky Slice Studioにて（COJIE & STICKO）

90年代のサウンドシステムと（SIMON & SAMI）

1998年、西麻布 Club Yellowでサウンドクラッシュ

1998年、横浜中華街・関帝廟前にて

WORLD CLASH in NEW YORK（2007年）

ドイツ最大級のレゲエフェスSummer Jam（2008年）

ヨーロッパ各地で出演したパーティーのポスター

イタリアのシチリア島にて

ベルギーのレゲエフェスReggae Geel（2013年）

横浜レゲエ祭2000（横浜ベイホール）

横浜レゲエ祭2002（横浜ベイホール）

2003年、MIGHTY CROWN 12周年イベント（CLUB CITTA'）

横浜レゲエ祭、八景島シーパラダイスにて初の野外開催（2003年）

Crown
The Far East Ruler

新港埠頭（2004年）

新港埠頭（2005年）

初の横浜スタジアム開催（2006年）

横浜レゲエ祭2006で当時の横浜ベイスターズのマスコットキャラに扮するSAMI

Crown
Mighty
Mighty

MIGHTY CROWN
ZERO
I AM RAGGAMUFFIN
横浜レゲエ祭
2010
ZERO

MIGHTY CROWN

JAMROCK Reggae Cruiseでのサウンドクラッシュ（2016年）

JAMROCK Reggae Cruiseを主催するダミアン・マーリー親子と

JAMROCK Reggae Cruiseのデッキにて

2008年、UK CUP CLASHにて。左から時計回りにPink Panther（BLACK KAT）、NINJA（MIGHTY CROWN）、Hype（KILLAMANJARO）、SAMI-T（MIGHTY CROWN）、Mark（BASS ODYSSEY）、Tony Matterhorn、Robbo Ranks、Steven Chang（BLACK KAT）、Squingy（BASS ODYSSEY）、MASTA SIMON（MIGHTY CROWN）、Freddy Krueger（KILLAMANJARO）、Ricky Trooper（KILLAMANJARO）、David Rodigan

フィリピンのマニラにて（COJIE）

中華街にて（MIGHTY CROWN & FIRE BALL）

自主発行したフリーペーパー「Strive」

OVERSEAS

EVERY TUESDAY @ THE LION'S DEN
KING CHAMPION
MILO & MIKEYNICE
Alongside: #1 JAPANESE SOUND
MIGHTY CROWN
HOST PAT MCKAY
SPECIAL GUESTS PASSTHRU
THE LION'S DEN
214 SULLIVAN ST.
B'TWEEN W. 3RD & BLEEKER
DIRECTIONS BY TRAIN-
A,B,C,D,E,F, OR Q TO W. 4TH ST. EXIT W. 3RD AND WALK TWO BLOCKS.
DIRECTIONS BY CAR:
FDR TO HOUSTON ST. EXIT . HOUSTON TO SULLIVAN. MAKE RT. ON SULLIVAN.
$10 BEFORE MIDNITE
WEDNESDAY NOVEMBER 24TH
MIGHTY CROWN
ADONAI
MIKEY FAITH
RICHIE-D
MAHI TEMPLE
of Japanese Invasion
1997
Straight out of Japan
MEETS
The Invader Himself
MADMAN CHARLEY
HERE!
WORLD CLASH CHAMPION
WILL BE IN YOUR TOWN
THANKSGIVING WEEKEND
POISON DART
FLORIDA'S NO. 1
ALSO FEATURING:
KING CHALICE
DON'T MISS IT!
IRISH & CHIN ENT.
WORLD CLASH '99
It's not where you are from, it's where you represent.
Saturday OCTOBER 9
COLUMBUS DAY WEEKEND
'98 World Champion
BASS ODYSSEY
TONY
MIGHTY CROWN
Referee DJ ROY
IN ASSOC. WITH CARIBBEAN BLEND
PRESENT... A NIGHT CALLED
Japanese Invasion
SATURDAY APRIL 12 1997
No. 1 SOUND
PATTERSON No. 1 SOUND
ALONGSIDE
BULLET PROOF
ADM: $10
FRI JUNE 18TH '99
CLASH OF DE MILLENIUM
JAPANESE INVASION
JAPAN
NEW YORK
V.S.
LP INT'L.
MIGHTY CROWN
EARLY JUGGLING
MASSIVE B
GATE PRIZES
FREE PHONE
FREE BEEPER
D' PELLAU
642 FLATBUSH AVENUE
(Bet. Hawthorne & Fenimore)
SUNDAY-JUNE 28 1998
LISTEN TO WPAT 930 AM [1 - 2 am TUES.] - HOST GENERAL
GOOD TIMES
Presents
SAT. OCT. 15 1994
A WORLD DANCE GATHERING
FOR GENERAL
SPECTRUM
EARTH RULER
L.P. INT'L
MIGHTY CROWN
Japan's #1
STARLITE BALLROOM
4016 CHURCH AVE
Special Guests
CAPELTON
LOUIE CULTURE
TREASURE MOUTH
PROMOTIONS
PRESENT
A NIGHT CALLED
FRIDAY MARCH 5th
128 EAST 59th STR
BET. CHURCH AVE & SNYDER
ARISTOCRAT
SOUNDSTATION
SILVER SWORD
GENERAL
SAT. JUNE 21 1997
DIRECT FROM JAPAN
MIGHTY CROWN
STEREO SONIC
First Class
DJ RUCKSON
Hot Like Fire
CRAZY BEENIE
LADIES $5 After 1am
MEN $10
SPECIAL GUEST
Lady Love
LION HEART
Designed by Shawn J. 917-983-2307
JAPANESE INVASION
JAPAN
NEW YORK
INT'L.
BRING NOISE MAKERS
DOME
LISTEN TO MONDAY MIDNIGHT JAM
CH 1ST, 1997
Silver Star DJ Quine
£15.00
The Far East Rulers
The Tanker
BLACK
FIRE
MIGHT
Fr. Queens with the Hype Squad
ADM: $20
Cassette Face
Irish & Chin's 2nd Year Anniversary
THE GOOD, THE BAD & THE MERCILESS
FATHER KING ALFRED
PRESENTS
CHAMPIONS IN ACTION
The Far East Rulers
BRINGS TO YOU
MIGHTY C
RENAISS
BLACK CH
RUCKU
CLASH
THE MISSION BEGINS
FRIDAY SEPT 30

18.05.02 KRONE DARMSTADT
www.uppercut.de
DEATH IN THE ARENA
The First WAR of the MILLENNIUM
Club Amazura
91-12 144 Place, Jamaica, N.Y 11435
Tapes will be sold on spot.
DAVID RODIGAN
MIGHTY CROWN FR. JAPAN
DJ ROY Referee
MIGHTY CROWN
L.P INT'L
BOBBY KONDERS
YOUTHMAN PROM.
R&B • Reggae • Hip Hop
AGON CENTER
E ISLAND AVENUE, N.E. DC
LENTON BLVD. NOTTINGHAM.
Pre-Howard Homecoming Dance
Kings Promotions & INDO Entertainment
Dancehall
Planet 2000
MIGHTY CROWN
POW POW
STEELIE
BASHMENT
PIECES
Saturday OCT. 21st 2000
Yes, Orlando, THE JAPANESE
1999 REGGAE DANCEHALL CHAMP
ADMISSION $5 BEFORE 10PM, $10 AFTER
SUNDAY NOV
NAME BRAND
677 WILMER AVE. ORL
THE MIGHTY CROWN'S FIRST APPEARANCE
Easter Monday April 16 2001
ADM: $300
BASS ODYSSEY
3 SOUNDS
LANGLEY PARK
WORLD CLASH 2000
Welcome to the slaughter house
1999 WORLD CLASH CHAMPION
MIGHTY CROWN
LITTLE ROCK
TONY MATTERHORN
RICKY TROOPER
BASS ODYESSY
KILLAMANJARO
FRI. OCT. 6th 2000 Columbus Weekend
Amazura
91-12 144 PLACE, JAMAICA, QUEENS, N.Y. 11435
www.amazura.com
ADM: $35
Tapes provide by: Don Lou & Red Face
ADM: $15 b4 11
93-37 150 ST.
718-291-2500
KING AGONY
12 Year Anniversary
GOOD FRIDAY MARCH 29TH 2002
WORLDCLASH
SIX TROPHIES
WINNER TAKES IT ALL
FINALLY HAPPENS!
ONE SOUND WILL DIE!
Classic Promotions Presents A Pre- Easter Show
JAPAN VS. USA
SATURDAY APRIL 7th, 2001
POISON DART
MIGHTY CROWN
THE FAR EAST RULERS
USA
JAPAN
Taking Place @
CARIBBEAN SUNSHINE LOUNGE
2528 W. Colonial Dr • Orlando, FL
The Good
The Bad
Merciless
for the first time ever
Mighty Crown
David Rodigan
King Agony
FACEOFF 2K2
THE SETTLEMENT
VS.
CLASH START 1AM SHARP
ENTER THE DANCEHALL
MIGHTY CROWN "THE FAR EAST RULER"
& POW POW MOVEMENT
EARL DE PEARL PROM.
Adm $10
DIAMOND MOVEMENT
Snow White
Bethune Hall
V. Rocket
MIGHTY CROWN
MUZIK MACHINE
FREE MOET FOR THE FIRST 10 DARING DRESS GIRLS
NEW CORN
THE WAIT IS

MIGHTY CROWN
EVERY TUESDAY
DANCEHALL REGGAE
October 18th
Brasil Bar
2005
FAR EAST
SHORTKUT
BEAT JUNKIES
LENOIR
SOUND BOYS
POLO
MO' QUUZ
13TH TRIBE / KPOO
DANCEHALL ✱ REGGAE
FRIDAY MARCH 28TH @ CAFE COCOMO
IN NEW YORK
MAGAZINE
45 CLASH
BASS ODYSSEY
THE FAR EAST
MIGHTY CR
DANCEHALLBA
GERMANY'S MIGHTY
POW MOVEMENT
2002 PETIT PRINCE
FRIDAY JUNE 13, 2003
Brother's Promotion & Party People Presents A
ARMY & NAVY Affair
Mighty Crown
POWPOW MOVEMENT
(COLOGNE)
ADM $15
Diamond Movements
&
MIGHTY CROWN
EXCLUSIVE SOUNDSYSTEM JAPAN
SATURDAY 12th APRIL 20
UK UP CLASH 200
MIGHTY CROWN
BLACK KAT
KILLAMANJARO
WAYNE IRIE
LORD GELLYS
45 RUMBLE
SATURDAY 19th JULY 2003
Japanese Connection
春
MIGHTY CROWN
SATURDAY
JULY 17, 2004
Exclusive to
DANCE HALL EXPERIENCE
Mighty crown
The Far East Rulaz
Friday 11th April '03
@ Club Penthouse, Hitchin
BASHMENT HOUS
SUN. OCT. 12TH
COLUMBU
WEEKEND
NO SCHOOL WORK
NEXT DAY
$5. 8-4-11PM
WORLD CLASH & 45 SHOOT OUT CHAM
MIGHTY CRO
ELITE AR
19th SUMMERJAM
ELEPHANT MAN • BEENIE MAN • CAPLETON
T.O.K. • SANCHEZ • LUCIANO
JULIAN MARLEY & UPRISING • VYBZ KARTEL
WAYNE WONDER • MAX HERRE • LADY SAW
WAYNE MARSHALL • CÉCILE • STEEL PULSE
ABYSSINIANS • WARRIOR KING
DAVID RODIGAN • CULTURE
ORCHESTRA BAOBAB • NOSLIW
LUCKY DUBE
02.-04.Juli 2004
KÖLN - FÜHLINGER SEE
WWW.SUMMERJAM.DE
WORLDC
TY CROWN
-FORCE SOUND + HIPHOP FLO
04.06
SUGARNOTCH
BLACK KAT
From Jamaica
MIGHTY CROWN
From Japan
LOVEJOY ENTERTAINMENT
MIGHTY CROWN
FAR EAST
WORLD CLASH 2003
MAGAZINE
SAT. OCT. 11 2003
2002 WORLD CHAMPION
REBEL TONE
BLACK KAT
MIGHTY CROWN
MATSIMELA
ONE LOVE
HOSTED BY:
Bounty Killa
CLUB AMAZURA
N. APRIL 12TH 2004
Death Before Dishonor
GUINNESS
4
THE ROAD TO ATHENS
MONTEGO BAY
JAH WAYNE PROMOTIONS
IN ASSOCIATION WITH DE REAL TING CAFE
PRESENTS
THE FAR EAST RULER (JAPA
MIGHTY CROW
MIX MASTER PRI

29.OKTOBER '05
BIEL/BIENNE
MIGHTY CROWN
FROM FLORIDA
SATURDAY OCT. 8 2005
Returns BROOK
ELITE A
1Xtra
UK CUP CLASH
SA 10.11. SENTINEL
FR 16.11. / 20H
AXI PRIEST
LIVE IN CONCERT
SA 24.11. KING SHILOH SOUNDSYSTEM (NL)
28.11. EEK A MOUSE & BAND
FR 30.11. KARMA SOUND FEAT. APACHE INDIAN
08.12.
LEVY
"Jamaican Dancing School"
15.12 Warriornight
SA 22.12. // UNIVERSAL CLASH // DOORS 23H
ENGLAND VS. HOLLAND
MO 24.12. - HEILIGABEND AB 24 UHR - 6 EUR
THE HEILIGES POWPOW MOVEMENT
SUNDAY JUNE 5TH 2011
REGGAE 4 Japan
Benefit Concert
BACKED BY RUFF KUT BAND
DAMIAN JR GONG MARLEY - FREDDIE MCGREGOR - MAXI PRIEST
TARRUS RILEY - CAPLETON - ETANA - STEPHEN DI GENIUS - CHINO - LADEN
GRAMPS & PETER MORGAN - MR VEGAS - ALAINE - TANYA STEPHENS - FIRE BALL
YORK COLLEGE
9420 GUY R BREWER BLVD. JAMAICA QUEENS NY
CALL FOR INFO 718-406-0378
American Red Cross
IRISHANDCHIN.COM
World CLASH Brooklyn
SAT.OCT. 7TH
@ Ocean
SATURDAY
RON NELSON PRO
BLACK KAT
ONE LOVE
FR. ITALY
DESERT STORM
ADM: $40
rld clash jamaica
death fore dishonor 8
Main Event
FEATURING
MATTERHORN, BLACK KAT, CROWN, HYPE ZONE & MORE.
EASTER
N. MARCH 24TH
PIER ONE
MONTEGO BAY, JAMAICA
info@irishandchin.com 718-878-6323/876-926-9327
TRIBUTE FEATURING DAVID RODIGAN
PIO - KING JAMMY'S - DOWNBEAT & MORE.
THE 2ND ANNUAL
JUDGEMENT DAY
SATURDAY
MIGHTY CROWN
Birthday Bash
Starring the Undisputed King of Dancehall
Beenie Man
Hosted By Jabba
Mighty Crown
Bobby Konders & Jabba
Super Claude Fr. Afrique
Road International Disco
Guest Stone Love
Happy Birthday to Sophia
Advance Tickets
$25 Before October 1
AMAZU
91-22 144th
Corner of Archer, Queens
FRI. JULY 29
CHARLOTT
EDI 13 OT
MIGHTY CROWN SOUNDSYSTEM
REGGAE & DANCEHALL (JAPAN)
加盟联年乐
SA 12.06.
CAPTAIN RECORDZ
présente pour la première fois à Paris
MIGHTY CROWN
"THE FAR EAST RULERS"
Jeudi 20 Octobre 2005
Au Batofar
Le Batofar, face au 11 Quai François Mauriac, 75013 Paris
Warm Up: V-Rocket (Londres) • Guiding Star
20€ sur place, préventes FNAC
SENTINEL
le 17 Novembre Au Batofar
MIGHTY CROWN
n°1 sound da
BRANCALEONE
LEVANNA 11 - RO
onelovehp.com - www.brancal
The Final Conflict
UK CUP CLASH 2008
presenta
the 2K7 WORLD CHAMPION
MIGHTY CROWN
BRANCALEONE
MIGHTY CROWN
aka The Far East Ru
straight outta Japan
DEEBUZZ

JAPAN

MONVOCO crew
RED STRIKE
The Hard Way!!
Second Stage...
<YOKOHAMA>
Mighty Crown
FarEastRuler
Sami-T,Simon,Shicko,Koji & the crew
<HOKKAIDO>
Now Printing
JUDGEMENT
Sound Station
Tucker,Ken & the crew
TERMIN
Bay Side Jenny
K-ZONE PROMOTION
★LION MUSIC DEN ★QUESTION
Bay Side Jenny · FIVE STAR
Yes, Massive
SHONAN SOUND SYSTEM PRESENTS
BIGEST REGGAE BEACH CONCERT
PACIFIC GUN SPLASH
1992
FULL MOON ON THE BEACH
Featuring Super Don:
DIRECT FROM VARIOUS PARTS OF THE COUNTRY
BRAIN BUSTERS
CLUB SUZY
CAMP BAY BRIDGE
IT'S MCN PROMOTION
REGGAE DANCEHALL ENTERTAINMENT
JUN 4 SHOT
H-MAN
MIGHTY CROWN
SAMI-T.SIMON
2/17
GATES OPEN
12:00AM〜5:00AM
ADMISSION
前売¥2,000
当日¥2,500
※INFORMATION
・CLUB 24
MIGHTY CROWN
MR. SIMON
DIGITAL HI-FI CREW
PRESENTS
ORIGINAL ATTACK Vol 2
C.J.
AT: JEAN GENIE
SUPER CHRIS
JEFFIRIE
FRIDAY 5th July 1991
ADM:¥2500 WITH 2 FREE DRINKS
GATES OPEN: 5:30~9:30
MIGHTY CROWN ATTACK ALL FIDE
BATI BOY & SOUND BOY!!
A REGGAE DANCEHALL NIGHT CALLED
'PURE VIBZ'
3月19日（水）※次の日は祝日
MIGHTY CROWN
MASTA SIMON, SAMI-T, AND CREW
FEATURING ARTISTS:
SUPER CHRIS
CHOZEN LEE
LA BODEGA. YOKOHAMA
ALL MUSIC LOVERS MCN PROMOTION PRESENS
今年 最後の CROWN DANCE
REGGAE SHOWDOWN
MIGHTY CROWN
THE FAREAST RULER
MASTER SIMON , SAMI-T
THUNDER BIRD
CAPTAIN C , SUPERGAKU
STARRING ARISTS :
SUPERCHRIS · CHOSEN LEE
AND
OUT-LAW MASSIVE, BIG UP!!
PLANET PRM & MCN PRM
PRESENTS A NIGHT CALLED
YOKOHAMA
OUT-LAW FAMILY
INTRODUCING YOYO-Q
FEATURING SOUNDS...
ASIA Champion Sound
MIGHTY CROWN
KING WEAPON
JAM-TECH
GHOST-D
SPECIAL THANX
AT: PLANET
¥2000 with ONE DRINK
STARTS 9:00
AUGUST 13 FRIDAY
RIKKCO International
presents
The Experience Vol.1
Mental '9
SOUND CLA
TAXI HI-FI MIGHTY C
FROM TOKYO
VERSUS
FROM YOKOHA
GATE OPEN 8PM . SHOW TIME 10PM
4/27 (mon)
Club Yellow
Information
緊急告知
MCN pro. Presents
UPLIFTMENT
これからは若手の時代
10/17
(Saturday)
11:30PM Start
featuring

四周年記念
DANCE HALL SPECIAL SHOW CASE
FEATURING
JAM TECH
Rise up sound
START 22:00
SPECIAL GUEST SOUND
Weapon
Bad Sound
MIGHTY CROWN
Far East Ruler
M / 1000yen (W / 1 DRINK
女の子は23：00までに入場すればチャージが
Club
LANET
45-625-0173
HONMOKU st.
ローソン
PRESENT A NIGHT TO BE CALLED
THE EARL
AT: YOKOHAMA GHOST WALL
(045)-663-3842
ON: SATURDAY 24th
FEATURING: A YOUNG YOUT DEM
KING MUF
STARTS-5:00
FOR THE 2nd ROUND: RUB-A-DUB MASTER
MIGHTY CR
STARTS-8:00
PLUS SPECIAL GUESTS WHO CO
ADM: ¥2500
With One
TUFF BODYGUARDS
NEVER MISS DIS MASSIVE!
FINALLY THE YOUNG & TUFF CRE
~PRESENTS~
SOUND CLASH
FEATURING:
MIGHTY CROWN
WILD MONKEY SUPER CHRIS LITTLE STICKO JUN 4 SHOT CHANGE MAN
~VS~
7 STAR HIFI
AT: JEAN GENIE
PHONE: (045) 664-6530
ON: SATURDAY 30th NOV. 1991
20:00
ADM: ¥2000 EACH. With One DRINK
JAH KNOW YOKOHAMA CREW WICKED!!
MAXIUM SECURITY PROVIDED!!
Club Citta
Kawasaki
TENTION ALL JAPANESE GAL!
ONE 1991 FINAL SESSION!!
-MEN CREW PRESENTS-
MIGHTY CROWN
-RUB-A-DUB MASTER
J. IRIE • SUPER CHRIS • WILD MONKEY • CHICKNEY
HOT • LITTLE STICKO...
GUESTS: CHUCKY TOKU FROM EARTHQUAKE CREW
KE • COOL CAT • CHANGEMAN FROM SEVEN STAR Hi-Fi
AN GENIE INFO: (045) 664-6530
DEC. 28th 1991
2000 WITH 1 DRINK
PM 8:00 START
L RESPECT
TY MAX.
この日は何んでもあり!!
Presents
Nite & DAY
みんなで はじけよう
FEATURING: SAMI-T FROM,
MIGHTY CROWN
5日(日) 9:00~4:00
CROSS ROAD
A BACK TO CULTU
FOUNDATION DAN
IN HONOR OF
GENERAL'S BIRTH
WED. NOV. 8 1995
FEATURING THE JAPANESE INVASION
MIGHTY CROWN
REGGAE SPRING '97
FAR EAST RULER
MIGHTY CROWN
BIG BAD SOUND
KING WEAPON
RISE UP SOUND
JAM TECH
FEATURING
NANJA MAN
Jr. DEE
MOOMIN
SUPER
SPECIAL THANKS
A REGGAE DANCEHALL NIGHT
1997-1998
横浜港 除夜の
氷川丸船上カウントダウン
SOUND BY:
MightyCrow
MASTA-SAI, SAMI-T, STICKO, COGEE
WITH FIREBALL CREW
PLACE: YAMASHITA PARK • HIKAW
HATCH NO.6
TIME: 8:00PM-2:00AM • ADM: ¥
DATE: 12/ 1/
CROWN PRO & BASIC PRO
「ライフスタイル」リリース記念イベント
日本レゲエ史上、最
Featuring
Moomin
Papa Bon
Junior Dee
H-man
Chozen Lee
Truthfu
YoYo-
Cris
Jun 4 S
Coneh
Fat-
風林
Ozroz
Mighty
/27(土)
START 23:00
FIVE STAR
THE STATE OF FASHION
Mighty Crown
sound system
VS
TOKIW
サウンドシステム
98年度総決算
FRONT ACT
BLACK BASS
3500円
開場 9:00PM
開演 10:00PM
Mighty Crown Entertainment Presents
十周年
Artist
RANKIN TAXI
ACKEE & SALTFISH
BOOGIE MAN
PAPA B
JUNIOR DEE
PAPA U-GEE
NANJA MAN
H-MAN
Sound
Mighty Crown
JamTek

横浜レゲエ祭

横浜レゲエ祭 2004
IT'S MCN PROMOTION AGAIN! REGGAE 100%!!
YOKOHAMA REGGAE BASH '96
CROWN FAMILY
STARRING ARTISTS:
PAPA BON
NANJA
8/23(金)
GATES OPEN
11:30～
ALSO STARRING:
MOOMIN
CHOSEN LEE
CHRIS
CHOCKY SMART
H-MAN
JUN 4 SHOT
ZEBRA
JR,DEE
MUSIC BY:
"MIGHTY CROWN"
MASTER SIMON・SAMI-T・STICKO
"THUNDER BIRD"
CAPTAIN C・SUPERGAKU・N. T.
ADMISSION：¥2,500(前売)
MCN PROMOTION PROUDLY PRESENTS
YOKOHAMA REGGAE BASH '95
FEATURING:
ACKEE & SALTFISH
PAPA U.G.
JUN 4 SHOT
CHRIS
MUSIC BY
MIGHTY CROWN
STICKO SAMI-T SIMON
MCN PRO. & MASA IRIE PRESENTS
横浜レゲエ祭 98
サウンド・ナイト
アーティスト・ナイト
7.18(SAT) CLUB 24
7.19(SUN) CLUB HEAVEN
MIGHTY CROWN
JAM TEK
KING RYUKYU
THUNDER BIRD
PUSHIM
BOY KEN
JUMBO MAATCH
MOOMIN
ACKEE & SALTFISH
JUNIOR DEE
H-MAN
PAPA U-GEE
FIREBALL
YO-YO
MUSIC BY
MIGHTYCROWN
CHELSEA
ADM. 1500YEN (前売)
2000YEN (当日) WITH 1 DRINK
START. 12AM
ADM. 2000YEN (前売)
2500YEN (当日) WITH 1 DRINK
START. 09PM TO 05AM
Cream
Feminine
CISCO
INFO
協力 ALPHA ENTERPRISE Co. Ltd. YOKOHAMA DISTRIBUTION CISCO CREAM
出店 FEMININE CISCO RAGGA CHINA
帝冠15周年
MIGHTY CROWN ENTERTAINMENT Presents
横浜レゲエ祭 2014
ONE LINK
神奈川県川崎市
東扇島東公園 特設会場
OPEN/START 13:00
FIRE BALL
PAPA B
J-REXXX
KENTY GROSS
PUSHIM
RICKIE-G
RYO the SKYWALKER
STONED ROCKERS
MORGAN HERITAGE
15年分のチカラ 3万人と共に!
MIGHTY CROWN ENTERTAINMENT PRESENTS
十五周年 横浜レゲエ祭
MIGHTY CROWN ENTERTAINMENT PRESENTS
横浜レゲエ祭 2008
NEXT LEVEL
8.16(SAT)
YOKOHAMA STADIUM
H-MAN
NG HEAD
PAPA U-Gee
Jr. Dee
RANKIN TAXI
HOME GROWN
STONED ROCKERS
Special Guests from JAMAICA
2007
THE REBIRTH
HOME GROWN
SPECIAL GUESTS from JAMAICA
REGGAE BASHMENT TIME AGAIN!! MCN PROMOTION PRESENTS
(MIGHTY CROWN TOUR '97 最終日)
YOKOHAMA REGGAE BASH '97
NANJA
FIREBALL CREW
H-MAN
MOOMIN
PUSHIM
MIGHTY CROWN
JR.DEE
PAPA UGEE
JUMBO MARCH
SPECIAL GUESTS: CHUCKY SMART, TOKIWA DEM CREW
8／23(土)
AT: CLUB 24 YOKOHAMA
OPEN:
SHOWTIME: 11:30 PM
8/12(土)
YOKOHAMA BayHall
MIGHTY CROWN
GUIDING STAR
DRAGORUM
JUMBO MAATCH

OSAKA
NIGHT
HIROSHIMA
SAPPORO
YOKOHAMA
BAYHALL
HOME GROWN
[SOUND]
MIGHTY CROWN
JAM TEK
DJ BANA
[ARTIST]
MOOMIN
MIKIBOZAN
PAPA-B
ACKEE & SALTFISH
NANJAMAN
PAPA U-GEE
JUNIOR DEE
H-MAN
KAANA
CHOZEN LEE
TRUTHFUL
JUN 4 SHOT
YOYO-C
CRISS
GUAN CHAI
BAMIUDA
横浜レゲエ祭
Part.2
BayHall
レゲエの灯をまだ消えはじめたばっかだぜ
2001 Osaka Cup Winner
BayHall
MIGHTY CROWN
25th ANNIVERSARRY
横浜レゲエ祭
2016
二十周年
2016年8月11日(木・祝)
パシフィコ横浜 国立大ホール
Mighty Crown Entertainment Presents
横浜レゲエ祭
Takafin
Boxer Kid
YoYo-C
H-man
Junior Dee
Reggae Disco Rockers
Home Grown
2002
PART.2
YOKOHAMA
BAYHALL
SUNTORY
2013
MIGHTY CROWN ENTERTAINMENT Presents
横浜レゲエ祭
STAY POSITIVE
MIGHTY CROWN FAMILY
MIGHTY CROWN / FIRE BALL / PAPA B / GUAN CHAI
[ARTIST]
APOLLO / CHEHON / Jr.Dee / J-REXXX
PUSHIM / RUDEBWOY FACE / RYO the SKYWALKER
HOME GROWN
KIYOSAKU
川崎市東扇島東公園
9月8日(日)
OPEN / START 13:00
オールスタンディング ¥7,500
[チケット料金]
PROGRESS
Mighty Crown Entertainment Presents
横浜レゲエ
2017
FIRE BALL 20th ANNIVERSARY
2017年8月11日(金・祝)
パシフィコ横浜 国立大ホール
MIGHTY CROWN
FIRE BALL / PAPA B / GUAN CHAI
JUMBO MAATCH,TAKAFIN,BOXER KID from MIGHTY JAM ROCK
Spinna B-ILL / RUDEBWOY FACE / RUEED / AKANE
H-MAN / JING TENG / 導楽 / THUNDER / ANSA
TARRUS RILEY with DEAN FRASER
HOME GROWN / STONED ROCKERS
オフィシャルプレイガイド
ローチケ HMV
MIGHTY CROWN PRO. & BAD
MeltinPot
SUNTORY
PUSHIM
NANJAMAN
RANKIN TAXI
CHOZEN LEE
CRISS
HOME GROWN BAND
前売¥3,000
当日¥3,500
MIGHTY CROWN PROMOTION PRESENTS
9/8(金)
YOKOHAMA
BayHall
21:00 OPEN~ALL NIGHT
横浜レゲエ祭
バンド編
HOME GROWN
PUSHIM
PAPA U-GEE
RYO THE SKYWALKER
UNCHAIN
音楽好き立ち上がれ!!
力を合わせて動き出そう!!
Mighty Crown 20th Anniversary
横浜レゲエ祭
2011
RESPECT
2011.8.6(土) 横浜スタジアム
OPEN/START 14:00
SPECIAL GUESTS from JAMAICA
COCOA TEA / SHABBA RANKS
復活にしてラスト、横浜レゲエ祭が12年ぶりにヨコハマの
6/24,25は赤レンガ倉庫に全員集合
MIGHTY CROWN FINAL SEASON
横浜レゲエ祭
THE FINAL
VIBEZ OF YOKOHAMA
DAY2 6.25
RUDEBWOY FACE
CHEHON
PAPA U-Gee
Jr.Dee
HOME GROWN
PARAISO
MeltinPot
6月24日(土) 6月25日(日) 13:00 横浜赤レンガ
www.yokohamareggaesai.com
Mighty Crown Entertainment Presents
日本レゲエ史上、最大・最高の祭り
横浜レゲエ祭
2003
8/24(日)
Mighty Crown Family ZERO Movement 2010
第二章
Mighty Crown Entertainment Presents
横浜レゲエ祭
2010
ZERO
帝冠
2010 8/21(土)
OPEN/START 14:00
特設野外ステージ
横浜赤レンガパーク
MIGHTY CROWN/FIRE BALL/PAPA B
BOOGIE MAN/CHEHON/H-MAN/Jr.Dee
JUMBO MAATCH/TAKAFIN/BOXER KID from MIGHTY JAM ROCK
MOOMIN/RUDEBWOY FACE/RUEED/RYO the SKYWALKER/YOYO-C
RHYMESTER/OZROSAURUS
CHINO from JAMAICA+SPECIAL GUEST from JAMAICA
HOME GROWN/STONED ROCKERS
Kaana
Yoyo-C
Jun4Shot
レゲエ祭
'99
Boogie
Papa
Papa Ugee
King Ryukyu

CASSETTE TAPES

DUB PLATES

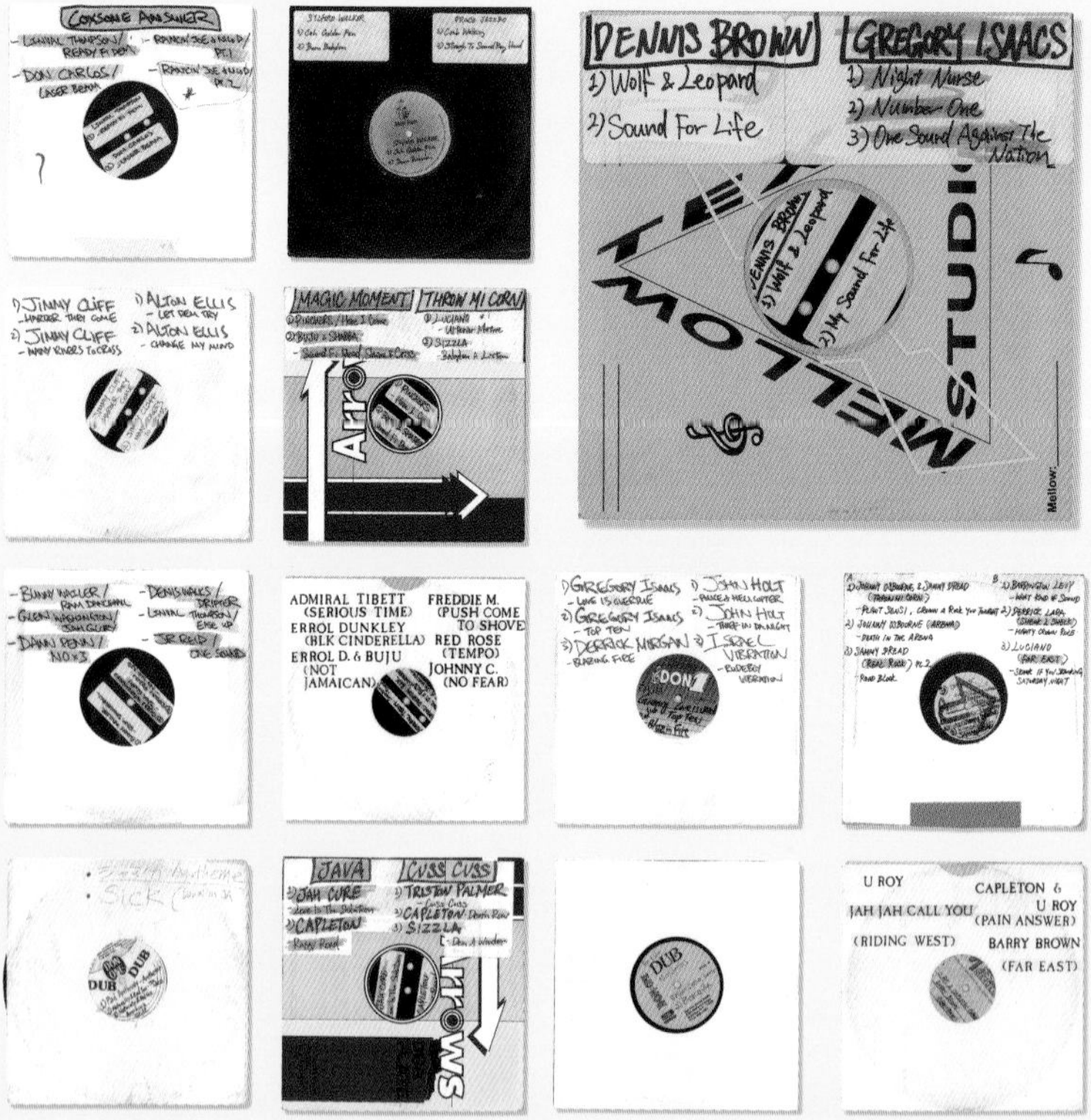

世界サウンドクラッシュ紀行

はじめに

世界王者8回、旅した国は40か国200都市以上。挑戦し続けることで見てきた景色

俺たちMIGHTY CROWNは1991年に横浜で結成したレゲエのサウンドシステム。俺らの活動形態「サウンドシステム」については後ほど解説するけど、まずは「ターンテーブルで音楽をかける人と、マイクで煽って盛り上げる人のチーム」だと思っておいてほしい。99年にはサウンドの世界チャンピオンを決める「ワールドクラッシュ」で優勝。それ以降、8回のワールドチャンピオンになってきた。

海外のイベントに呼ばれる機会も多くなり、アメリカやジャマイカ、そのほかのカリブ海の島々、ヨーロッパも含めて、世界40か国200都市以上を旅してきた。

メンバーは俺MASTA SIMON（マスターサイモン）と弟のSAMI-T（サミー・T）、SAMI-Tのニューヨーク留学時代からの仲間のCOJIE（コージ）、ニューヨーク在住のNINJA（ニンジャ）の4人。国外の活動拠点はニューヨークで、CHIN（チン）という海外

マネージャーも俺らの活動をサポートしてくれている。

俺らが回ってきた場所は、普通の日本人が立ち寄らない危険なエリアも多い。ジャマイカのキングストンで拳銃で脅されたり、警官から暴行を受けたり、イベント出演中に瓶を投げられて流血したりと、危険な目にも数多く遭ってきた。

一方で、はじめて行く国で黒人の小学生からサインをねだられたり、グラミーを受賞したアーティストから「子どもの頃から聴いてたよ」と言われたりしたこともあった。日本の首相官邸で、安倍晋三首相（当時）とジャマイカ首相の前でプレイしたこともあったりする。

普通の人にはできない経験をたくさんしてきたと思う。

この本は、俺らが30年以上の音楽活動を通じて体験してきたヤバいエピソードの数々をまとめたものだ。俺たちのことやレゲエをよく知らない人でも楽しめる本になっていると思う。

あと、俺らはレゲエが文化として定着していない日本で『横浜レゲエ祭』という自主イベントを小さなハコで立ち上げ、後に横浜スタジアムを満員にするなど、周囲からは無謀と言われる挑戦を数多く行ってきた。そして今年は、世界最大級の豪華客船による5泊6日のパーティー「ミュージック・クルーズ」開催という新しいチャレンジが待っている。この本ではこうした挑戦の裏にある俺たちのマインドも伝えられたらと思う。

ちなみに、この本の文章は主にSIMONが担当し、SAMIとCOJIEが担当したパートはそれぞれ見出しに名前をクレジットした。

MASTA SIMON

が旅した40の国

- ⑳ セントビンセント及びグレナディーン諸島
- ㉑ セントルシア
- ㉒ バハマ
- ㉓ バルバドス
- ㉔ トリニダード・トバゴ
- ㉕ ドミニカ国
- ㉖ グレナダ
- ㉗ ベリーズ
- ㉘ セントクリストファー・ネービス
- ㉙ アンティグア・バーブーダ
- ㉚ アメリカ領ヴァージン諸島
- ㉛ ガイアナ共和国
- ㉜ バーミューダ諸島
- ㉝ ケイマン諸島
- ㉞ セントマールチン

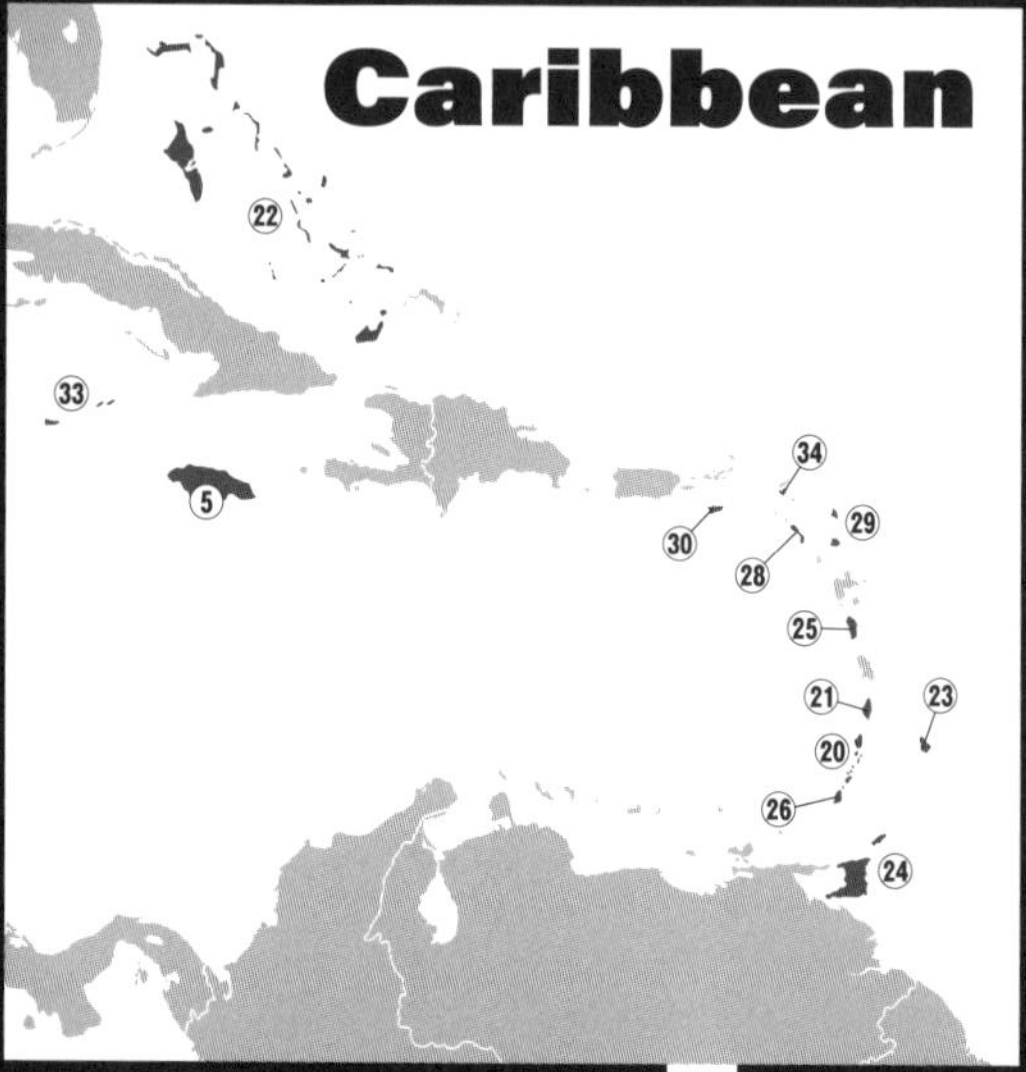

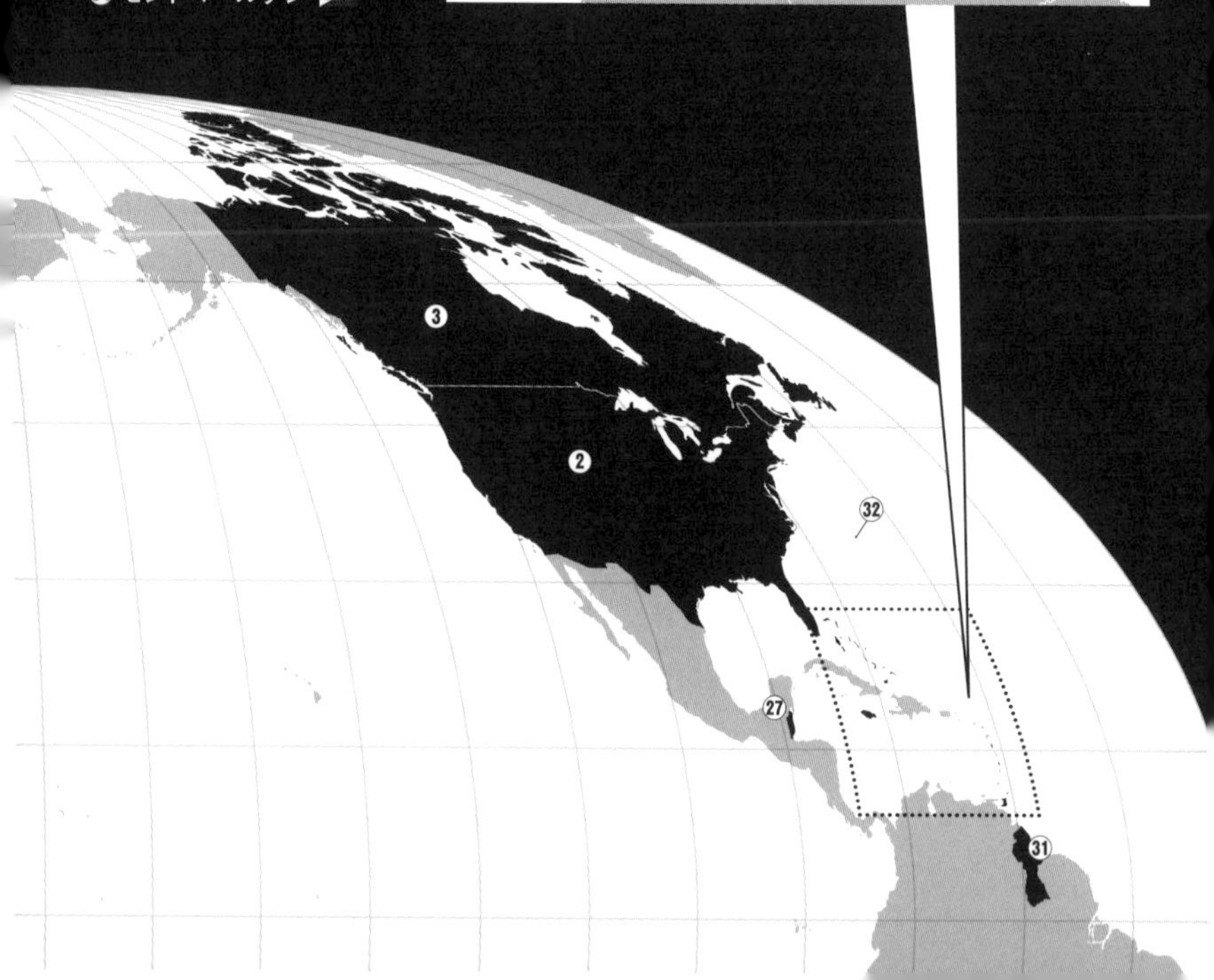

MIGHTY CROWN

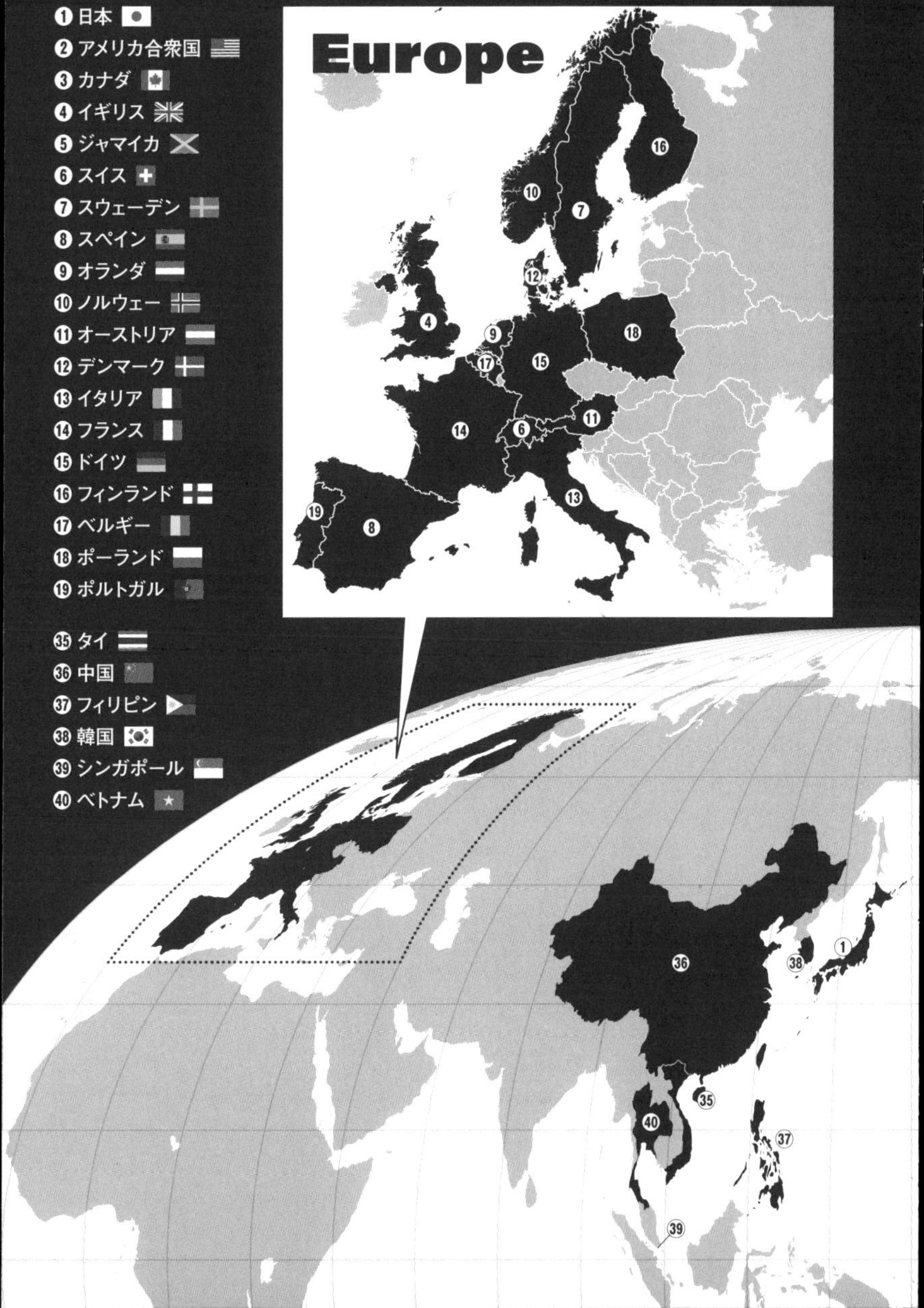

1章 レゲエがつないだ世界のヤバい場所と人たち 15

2章 レゲエで出会った世界のスペシャルな場所と人たち　43

3章 今さら聞けないレゲエ・ダンスホールの基礎知識

4章 頭・カネ・時間の総力戦「サウンドクラッシュ」の魅力 117

5章 世界一になるために必要なこと 137

6章 日本に「本物」を広めるために 157

7章 奥深い「ルーツ」「ダブ」の世界 171

10章 日本で「レゲエで食べていく」ためにしてきたこと 217

1章 レゲエがつないだ世界のヤバい場所と人たち

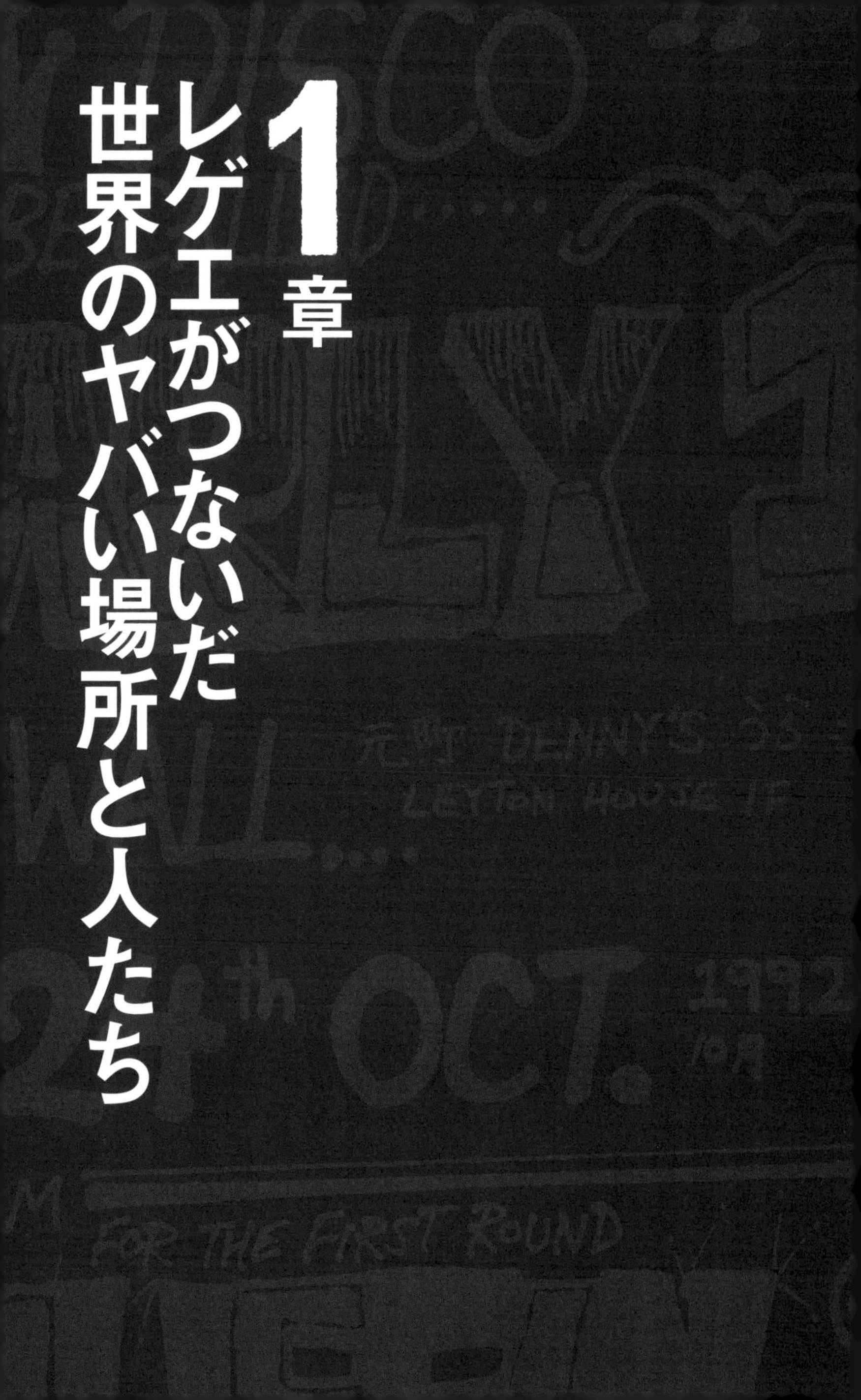

初ジャマイカでは毎日カツアゲの洗礼「早く帰りたい……」

まずはレゲエの本場ジャマイカを訪れたときの体験を書こうと思う。

はじめてジャマイカに行ったのは1993年。たくさん危険な目に遭った。それからほぼ毎年のように行っていて、言うまでもなく大好きな国だけど、当時は辛すぎて早く帰りたかった（笑）。

当時の俺はLAに留学していた。一緒にジャマイカに行ったのは、同じくニューヨークに留学していた弟のSAMIと、同級生のChucky Smartだった。

ジャマイカは朝から晩まで音楽が鳴り止まないし、ダンスも毎晩いろんな場所でやっている。「ダンス」というのは、レゲエの音楽のイベントのこと。「ジャグリン」や「パーティー」も同じ意味で、この本ではよく出てくるから覚えておいてほしい。

ジャマイカは俺らMIGHTY CROWNがやっているサウンドシステム（「サウンド」とも呼ぶ）の発祥の地でもあるし、街のすべてがレゲエ。おまけにレコードも安い。

そう聞くと天国みたいだけど、もう本当に地獄だった。毎日のように絡まれて、カツアゲされた。ニューヨークやLAに滞在して海外生活を知っていた俺らでも、ジャマイカはもう別世界。あらゆる常識が日本ともアメリカとも違った。

当時の日本のレゲエ界では「ジャマイカに行ったことない奴はダメ」という空気があった。「楽しいから行け」ってことじゃなくて、「あらゆる文化が日本と違うから洗礼を受けてこい」ってことだった。

だからジャマイカで過ごす日々は修行の感覚。帰りの飛行機ではジャマイカを離れられることに心底ホッとしたけど、上手く言い表せない悔しさもあった。それでしばらく経つと、「もう一回リベンジしにいこう」って気持ちになる。

振り返ると、初ジャマイカのときは泊まった場所も悪かった。首都キングストンにあるニューキングストンというエリアで、そこを仕切るギャングの巣窟みたいなところに宿があった。近くを歩くと10メートルおきくらいに声をかけられて脅されるし、夜に部屋にいても、ドアの下からナイフをガンガン差し込まれて「開けろ！」と叫ばれたりした。しかもそれが毎晩のように続く。俺らもはじめてのジャマイカでどう対応していいかわからなかったから、かなり辛かった。

俺らのジャマイカ滞在のいちばんの目的は、ジャマイカの人気アーティストのダブを録ること。ダブを簡単に説明すると、サウンド同士が曲とMCで戦うサウンドクラッシュで相手を攻撃するときに使ったり、ダンスでかけたりするもので、ヒット曲の歌詞を差し替えた替え歌みたいなもの。サウンドクラッシュに本気で取り組んでいる人は、このダブ録りをたくさんしておかないと勝つことができない。だからジャマイカでは観光はほとんどせずに、スタジオでダブ録りをしながら、好きなサウンドのダンスに遊びに行ったりしていた。

スタジオでも大変なことは続いた。今のジャマイカはアーティストが個々にスタジオを持っているけど、当時はArrowsのような有名なスタジオがいくつかあって、そこにアーティストが集まっていた。だから、まずスタジオに行って、目当てのアーティストを探す必要があった。

スタジオに行くと、「ジャパニーズ＝金づる」という見方をされて、目当てじゃないアーティストも次々と売り込みしてくる。売り込みというより押し売りだね。「俺はナンバーワンだ」「俺は人気だ」「俺もいい曲あるぜ」と次々と声をかけてくるから、「言ってることが本当ならこのスタジオ大スターだらけだぞ⁉」って感じだった。レコーディング中に勝手に入ってきてイントロを歌い、「出演したから金よこせ！」と言う奴もいた。

街中を移動するのも大変だった。バスに乗ってつり革に掴まってても、堂々と俺のポケットに手を突っ込んでカネを盗もうとする奴もいた。今以上にジャマイカもラフだったし、日本人もその空気に慣れてなかった。

でも俺らもやられっぱなし、言われっぱなしじゃなかった。殴り合いの喧嘩はなかったけど、カツアゲしてきた奴らと口喧嘩をすることはしょっちゅう。そういう経験を経て、言葉やストリートのマナーがわかってくると、俺らも反撃が上手くなってきたし、「本気で脅してるわけじゃなく俺らを試してるんだな」とわかってきた。だから「おい、誰に言ってんだ？」みたいに言い返すと、向こうも「こいつはカネを取れる相手じゃないな」と認めてくれたりするんだよね。何度も通って、そういう洗礼を受けて修行を重ねるうちに、どんどんジャマイカの魅力にハマっていったし、マナーがわかるようになっていった。

ジャマイカでBig Youthと

スタジオで拳銃を突きつけられ「カネを出せ！」。ラスタマンはナタで反撃

ジャマイカでは拳銃を向けられて「カネを出せ！」と脅されたこともあった。いちばん強烈だったのは、Buju Banton（ブジュ・バントン）という人気アーティストのスタジオに行ったときのこと。95年だったかな。

ブジュが出入りしていたスタジオ「セルブロック」は、ものすごくゲトーな場所にあった。俺とSAMIがそこに着いたときは、ブジュはまだいなくて、先輩アーティストのNANJAMANやエンジニアがいた。そこで彼らとドミノをしたりしながら「ぜんぜん来ねえなぁ」って待ってたんだよね。当時のジャマイカでは待つときは1日、2日は当たり前だから、このくらいはよくあること。

待ちくたびれてたら、同じ場所にいた誰だかわからないふたり組の様子がおかしく見えた。「こいつら、なんか怪しいな」と思っていたら、急に服の中から拳銃を出して「カネを出せ！」って脅してきた。

後で聞いたら、そのふたりはエンジニアとは顔見知りだったけど、全然違うエリアの人間。「日本人が来ている」と聞いて強盗にきたらしい。でも、強盗の常習犯ではないから、拳銃を持つ手が震えていた。そういう奴ほど急に撃ってきたりするから、「これはヤバい……」って思った。

俺らみたいなサウンドマンがジャマイカやニューヨークのゲトーに行くと、脅されることは日常

茶飯事。金を一箇所に入れておくと全額持っていかれるから、全身のいろんな場所に隠しておくのがストリートワイズだった。

そのときも、左ポケット、右ポケット、靴下の中と、あらゆる場所に金を隠していた。「出すしかないか……」と思っていたところに、ドレッドのラスタマンが「おまえら、俺のスタジオで何やってんだ！」ってナタを持って飛び込んで来た。

俺らもびっくりしたけど、もっと驚いたのは拳銃で脅してたふたり。もう一目散に逃げてった。そのラスタマンの迫力がすごかったから、ナタが拳銃に勝っちゃったんだよね（笑）。

ブジュがスタジオに現れたのはその15分くらい後で、警察が来たちょっと後くらいだった。もう犯人はいなかったから、「あっちに逃げたよ」と伝えた。警察は別の建物に催涙弾を撃ち込んだりしてたけど、犯人は捕まらなかった。俺らからすると「何この映画みたいな体験!?」って感じだったし、ジャマイカらしい事件だったね。たぶん今はもう少しだけ安全だけど。

ちなみにブジュ本人は本当にいい奴で、その前にも日本に来たときに一度会っていた。そのときに「ジャマイカに来たら俺のスタジオに寄れよ」って言われてたんだよね。まさかそこで強盗に遭遇するとは思ってもなかったけど。

街ではタクシー、ビーチには娼婦。ジャマイカは「タカリ」がすごかった

（COJIE）

俺のジャマイカ初体験も強烈なことが多かった。

最初は1992年。ニューヨークで仲がよかったプエルトリカンの友だちと一緒だった。はじめてのジャマイカは嫌な思い出のほうが多くて、「もう二度とこんな国に来るか！」と思うくらい印象が悪かった。

当時のジャマイカの空港には、観光客を狙ったタカリが到着ロビーに集結していて、外国人に目を光らせていた。その人だかりをかわしてタクシーに乗り、滞在先の街に行くことがジャマイカ滞在のスタートだった。

でも初ジャマイカの俺らは、空港からのタクシーでいきなりボッタクリに遭った。それを皮切りに、滞在中はしつこいタカリ、物乞いとの闘いの日々だった。

そのときは首都キングストンではなくモンティゴ・ベイに一週間ほどの滞在だった。ホテルに着くと、ベルボーイが自分の部屋に案内し終わった瞬間、ビニール袋に入った大量のマリファナを売りつけてきた。

ビーチに行くと、サウンドシステムが持ち出されていて、当時流行りのレゲエやダンスホールが

93年、キングストンのDub Store Studio前で偶然ブジュ・バントンに遭遇

大音量で流れていた。レゲエにどっぷり浸かっていた俺にとっては、その光景は夢のように最高なものだった。

ただ、そこでチルしていると観光客を狙った娼婦が寄ってきて、また物乞いされる。毎日が初体験のことばかりで驚きの連続だった。

ジャマイカのクラッシュでステージに瓶が投げられ流血

MIGHTY CROWNはサウンドシステムの世界一を決める大会「ワールドクラッシュ」で6回優勝した経験がある。これは、その大会が本国ジャマイカで開催されたときの事件。

ジャマイカでは首都キングストンのことを〝タウン〟と呼ぶ。そしてキングストン以外は全部〝カントリー（田舎）〟という言い方になる。田舎は田舎でプライドがすごくて、「俺はレペゼン・カントリーだから」みたいな人がたくさんいるんだよね。

サウンドクラッシュはキングストンで開催されることもあったけど、途中からカントリーでの開催が増えてきた。ちなみにジャマイカのスーパースター、ウサイン・ボルトはトレローニーというカントリー出身で、地元で俺らのダンスに遊びに来ていたみたい（P62参照）。

事件があった年のクラッシュは、ジャマイカ最大の観光地モンティゴ・ベイでの開催。田舎とは言えない場所だけど、街の周囲のカントリーエリアを拠点にしている、世界的に有名なサウンドが集まっていた。

そこで、カントリーのエリアのサウンドが負けてしまった。ジャッジの判定に納得いかない客が「ふざけんな」って感じで怒って、いろんなものを投げてきたんだよね。ステージ上にも瓶が飛んできて、それが直撃したSAMIは流血した。

そのまま大会は続行され、次のラウンドではSAMIは出られずに俺が前に出た。何を言ったか正確には覚えてないけど、ここでビビってたらダメだと思って、「俺らは死ぬ気でサウンドクラッシュをやってきたし、このカルチャーやジャマイカにリスペクトを持っている」みたいなことを怒りを交えて伝えたのは覚えているな。

いい曲がかかると拳銃をぶっ放すガン・サルート。犯人は警官だった

ジャマイカは警察もヤバい。ネタは無限にあるけど、ひとつ挙げるとしたら、レゲエのカルチャー「ガン・サルート（Gun Salute）」に関するもの。

昔、ジャマイカのダンスでは、いい曲がかかると空に向けて拳銃をぶっ放すガン・サルートという習慣があった。銃を持つ文化のある国では、亡くなった人へのリスペクトを込めたり、祝砲を撃ったりすることがあるけど、あれと同じ感じ。今のジャマイカでは見ないけど、90年代にはあったし、２０００年代に入ってもまだあった。

場所はモンティゴ・ベイのThe Pork Pit（ポーク・ピット）のダンスで、00年代だったと思う。SAMIとNINJAで回したときの話だね。

そのときもガン・サルートがあったんだけど、狂ったようにバンバン撃ちまくっている奴がひとりいた。で、後で聞いたらそいつは警官だったらしい（笑）。日本では考えられない話だよね。

ちなみに今のダンスホール（レゲエの1ジャンル。P１００）のシーンでは、ガン・サルートに代わって、銃の形を作った手を高く掲げる「ガン・フィンガー」の文化が定着している。だから銃をぶっ放す人はいなくなったけど、「ガン・フィンガー上げろ！」って場面は今でもたくさんあるね。

拳銃ネタはほかにもある。

これはカリブ海のアンティグア島（アンティグア・バーブーダ）のサウンドクラッシュに向かうときの話。

そのときは警官がガンショットを警戒して、会場前で検問をやっていた。で、拳銃を持ってきた奴らは「見つかったらマズい」ってことで、会場に向かう手前の道の草むらに拳銃を隠してた。だから、その草むらは一面拳銃だらけだったらしい（笑）。当時のアンティグアでは女性もパーティーに銃を持ってきてたから、日本とはもう文化がぜんぜん違うよね。

「このチャイニーボーイ！」客でも容赦なく殴る警官たち

90年代のサウンドの世界は、サウンドクラッシュのハードコア系のKillamanjaro（キラマンジャロ）と、ナンバー1ジャグリン・サウンドのStone Love（ストーン・ラヴ）で人気が二分されていた。当時はKillamanjaroの勢いがすごかったし、サウンドクラッシュをやってた俺らはジャロ派だった。

そのジャロとStone Loveが、キングストンのスケートランドで戦った有名なサウンドクラッシュがあって、俺らもゲトーの連中と遊びに行った。イベントは途中でガンショットがあって、警察が入ってきて中断。「外に出ろ！」って言われた。

出口はひとつしかなかったから、押しくら饅頭状態で大混雑。出口付近には警官が待ち構えてたんだけど、押された俺が警官にぶつかったら、「このチャイニーボーイ！」って警棒で思い切り腹を小突かれた。90年代のジャマイカではアジア人は中国人と一緒くたに扱われてたし、かなり下に見られている存在。反撃したいところだったけど、むこうでは警察に歯向かったらフツーに撃たれて死んじゃうから、それはできなかった。

で、何とか会場の外に出て仲間と落ち合って、「大丈夫だったか？」「俺は腹を殴られた」「俺はナイフを取り上げられそうだったから、その前に捨てた」なんて話をした。発砲があったから取り締まりをするのは仕方ないにしても、「こっちの警官は、何もしてない観客まで殴るんだ」って衝撃を受けた。

ほかにも、警察の職質では面白い経験をいろいろした。

向こうで車を運転してるとき、スピード違反とかで警察に停められることが何度かあった。田舎のほうのエリアで、「それ本当にきちんと測れてるの？」っていう感じのスピードガンで違反を認定されるから、納得いかないことが多いんだけどね。

そして俺らも少しずつ有名になってくると、警官に「おまえらＭＩＧＨＴＹ ＣＲＯＷＮか！」ってバレることが増えてきた。そのときの反応は大きくふたつにわかれる。ひとつは「ヤベえな！」って感じで違反を見逃してくれるパターン。これはありがたいよね。もうひとつは、「目つぶってやるから金よこせ」ってパターン。残念ながらこっちのパターンが多かったな（笑）。

イベントで回った国は40か国。世界中どこにもレゲエ文化はあった

世界40か国２００都市以上を旅してきて驚いたのは、どの国にも規模の違いはあれレゲエ文化が

あり、サウンドがいるってこと。アンダーグラウンドなシーンが世界各国でつながっている感じが面白いんだよね。

　まずレゲエの本場は発祥の国ジャマイカ。そして俺らの活動拠点アメリカ。あとカリブ諸国ではトリニダード・トバゴ、アンティグア・バーブーダ、バルバドスが特に盛ん。イギリスやカナダもサウンドが多い国として挙げられる。

　アメリカは、俺らは半分くらいの州、50前後の都市に滞在経験がある。俺らの国外の拠点ニューヨークではブルックリン、クイーンズ、ブロンクスといろんなエリアのイベントに出てきた。俺らを呼んでくれるのは、その地域のジャマイカン・コミュニティの人が多いから、イベントをする場所は都会の黒人エリアが多かった。東海岸ではニューヨーク以外にもジャマイカン・コミュニティがある街が多くて、ボストンやニューオリンズ、ヒューストンなんかにもイベントで行ったな。カリブ諸国が近いフロリダ州なんかは、ジャクソンビル、オーランド、タンパ、マイアミと全部の街を回っている。

　西海岸は東海岸に比べるとレゲエのカルチャーは盛んじゃないけど、ロサンゼルスやサンフランシスコ、サンディエゴ、サンホセとかの黒人エリアのイベントに出演してきた。あと北のほうのシアトルやポートランドにも行ったことがある。あとはデトロイトにアトランタと、回った街は挙げたら本当にキリがない。

　普通のアーティストは行かないような田舎も多く旅してきた。アメリカツアーをした日本人アーティストは結構いると思うけど、そういう場所を巡ったアーティストは俺らくらいじゃないかな？

ヨーロッパでいちばん多く行ったのはイギリス。イギリスはジャマイカ人が多いから、バーミンガム、ロンドン、ノッティンガム、リバプール、マンチェスターといろんな都市でイベントをしてきた。

イギリス以外でも、ドイツ、イタリア、フランスのほか、スイス、ベルギー、ポルトガル、スペイン、オランダ、ポーランドなんかでもイベントをしてきたし、このあたりのエリアには現地のサウンドがいた。北欧も回ったけど、デンマークやスウェーデン、フィンランドのヘルシンキにもサウンドがいた。

イタリアではじまって今はスペインで開催されているヨーロッパ最大級のレゲエフェスティバル、ROTOTOM SUNSPLASHにも2回呼ばれたことがある。1週間くらいの長いフェスで、デカいメインステージが3つも4つもあって、ジャマイカからもいろんなアーティストが呼ばれている。

アジアの国にはあまり行くことがなくて、タイ、香港、上海、北京のイベントに出たことがあるくらい。アジアはレゲエのカルチャーが弱い国が多いけど、日本は例外的に80年代くらいからレゲエのカルチャーが広がってきた国で、サウンドの数もダンサーの数も桁違いに多い。ちなみにCOJIEはUKのダブとかルーツ系の音楽が好きで、その活動の流れでアジアのイベントにも出演している（7章参照）。

太平洋の島国だと、ニューカレドニアに行ったことがある。俺らがまだ売れてない頃に、日本の広告代理店の友だちがOVERHEATの石井志津男さん経由で「MIGHTY CROWNと行くニューカレドニア・ツアー」みたいなのを組んでくれたんだよね（笑）。

南米や中米は俺らのようなスタイルのサウンドのカルチャーはあまりないけど、ＵＫルーツやＵＫダブとかでは状況は違って、メキシコとかけっこう盛んな国もあるみたい。あと中東エリアのイベントは出たことがないし、レゲエのカルチャーがあまりないエリアだけど、例外的にイスラエルではサウンドのイベントが開催されることがある。

俺らが見聞きしてきたレゲエやサウンドの状況はざっくりとこんな感じかな。

アンティグア、セントルシア、バルバドス……日本人が行かないカリブの島国

普通の日本人はあまり知らないカリブの島国と、その周辺の国について、もう少し詳しく書いてみたい。

ジャマイカだけでなく、カリブ海の島国はレゲエが盛んな国が本当に多い。アンティグア・バーブーダにドミニカ、セントルシア、バルバドス、グレナダ、アメリカ領ヴァージン諸島、バーミューダ諸島……。俺らがイベントで行った国だけでも10以上はあるんじゃないかな。

このあたりのカリブ海の島国はそれぞれ距離がかなり近い。飛行機で2、3時間で移動できるから、移動はヨーロッパツアーをするのと同じような感覚だね。

カリブは小さい島に黒人しかいない島が多いから、俺らは目立つ。イミグレとかで並んでいると、「おまえら、ちょっと来い」って呼ばれることが多くて、何かと思ったら「おまえ、MIGHTY CROWNだな。今日はどこでやるんだ？　後で行くから。楽しみにしてるよ」と言われることも結構あった。イミグレーションオフィサーもダンスホールのイベントに来てるっていうのがカリブの島らしいよね。で、「Enjoy!」と言ってスタンプを押して、順番を飛ばして俺らを送り出してくれる。これはMIGHTY CROWNの特権。カリブ海では間違いなく木村拓哉より有名人だね（笑）。

カリブ海周辺には実はリッチな島も結構ある。たとえばケイマン諸島やバーミューダ諸島。このあたりの国は税金逃れができる「タックス・ヘイブン」として有名で、保険会社とか金融会社がたくさんある。「ビル・ゲイツがプライベートジェットで来た」なんて話も聞いたことがあるし、ギャラもしっかり払ってくれる印象。

カリブ諸島のいちばん南のトリニダード・トバゴの下はもう南米大陸。南米の音楽カルチャーはカリブとは全然違って、俺らはほぼ行ったことがない。ただカリブ海に面したガイアナだけは、文化的にはカリブ海と近いものがあって、レゲエのカルチャーも盛んな国なんだよね。

中米も同じようにカルチャーが違うけど、カリブ海に面したベリーズだけは例外。ベリーズからの移民はアメリカのレゲエのコミュニティにも多くて、中米でもカリブ海のカルチャーが強い国だったりする。

俺らがベリーズに行ったのは15年前。「今はテロが大変で入れません」と言われたこともあったし、入国しても100メートルおきに検問があるような危険な場所があったのを覚えている。

ただお客さんのノリは良かった。SAMIが回しているときに、ベリーズの女の子がブースの中に入ってきて、ワイングラスを回すような動きで腰をくねらせて踊るワイニー（Winey）ダンスをしてきて、SAMIもそれに合わせて踊っていた（笑）。

バーミューダの暴動、バハマでの裏切り、グレナダでの過酷な移動

バーミューダ諸島のイベントに出たときのこと。

バーミューダはリッチな国だけど、小さな島で道も狭いから、あまり大きな車には乗れない。だからイベントに、特に若い連中がバイクで来るのが独特だった。

そのときのイベントには、島のあちこちからヤンチャな奴らが集合していて、少しヤバい空気があった。でもギャラは良かったし、俺らも「やるか！」ってはじめたんだけど、1曲目をかけた段階で会場が盛り上がりすぎて大変なことになった。

最初はヒートアップした5対5くらいのグループ同士のいざこざがはじまって、それが10対10になり、さらに倍々でどんどんと増えていった。椅子なども宙に飛びかっていて、セキュリティーも

止められないような大乱闘になったんだよね。だから俺らも2曲目をかけたときに「これはダメだ。一旦やめよう」ってダブプレートを急いでしまって、ステージ裏に退いた。ジャマイカのサウンドクラッシュでも観客同士の喧嘩はあるけど、このときは規模にもびっくりした。

バハマのパーティーに呼ばれたときは、カネをボラれる経験もした。行きはリムジンで迎えが来て、「景気いいんだなぁ」って喜んでたんだけど、いざイベントをやってみると集客は不調。で、出演料も支払われなかった。

しかもホテルに入るとき、「チェックインに必要だからデポジット用にクレジットカードを預けてくれ」と言われて預けてたんだけど、帰ろうとしたらホテル代もそのカードから全部抜かれてた。さらに、帰りはリムジンどころか迎えの車自体が来なくて、しょうがないからタクシーを呼んで帰った。

俺らが海外で活動をはじめた当初は、こうやって騙されることが何度もあった。ただ 俺たちは裏切られたりお金をボラれた経験を重ねるなかで、「前金をくれないとフライヤーに名前を載せない」というルールを作るようになった。契約書もちゃんと確認するし、「この条件は変えてくれないと出演しない」みたいな交渉もしてきた。今では、大きいイベント、信頼できるイベントの場合は前金なしでフライヤーに名前を載せることもあるけど、1000人規模、10000人規模のイベントの場合は、契約は事前にきっちりと確認している。

そして俺らも日本と海外ではそのルールを使い分けている。日本では契約も信用問題で、契約書なんてほとんど交わさない。信用があるイベンターならそれで問題が起きることもほぼないし、俺

グレナダでは穴が空いた小型ボートで移動した

らも「この日フェスあるんだけど出られる?」「全然出るよ」「じゃあ、最新のアー写送って」「わかった」みたいな感じで進めちゃうこともある。

グレナダのカリアク島にクリスマスのイベントで行ったときもヤバかった。行きはフェリーに乗ったんだけど、帰りはクリスマス休暇でフェリーが2日くらい運行してなかった。でも俺らは翌日にジャマイカでイベントがあって、早く移動しなきゃいけなかったから、別の船を探したんだよね。

で、乗ることになったのが小さな木製のボート。モーターは付いてるけど、底に穴が空いていてボロかった。当時はアナログレコードを使ってたから、今にも沈みそうなボートにレコードを積んで1時間半くらい移動することになった。そのボートに乗ったのはNINJAで、「なんてクリスマスだ」って笑ったね。

人種差別のない街。小便も凍る寒さ。カナダのレゲエ体験記

（SAMI-T）

カナダはサウンドクラッシュやイベントで何度も行ったことがあって、サウンドのカルチャーも盛ん。何しろアメリカと地続きの大きな国で、ジャマイカからの移住者が多い街もあるし、ワール

ドクラッシュで優勝したサウンドもいる。

モントリオールやオタワ、バンクーバー、カルガリーと、いろいろな街に行ったけど、いちばんよく行ったのはトロント。ニューヨークから比較的近いし、ジャマイカンも多いんだよね。

トロントは黒人も白人もアジア人もいて、それぞれの人種が共存している街だった。俺が回ってきた都市のなかでは、トリニダードと並んで「人種が多様で差別の少ない街」と感じた場所。黒人も白人もアジア人も混ざって会話してる光景をみて感動した。フレンドリーでオープンなんだよね。話は変わるけど、いちばん衝撃を食らった街はエドモントン。カナダの真ん中あたりだけど、マイナス20度とかが普通で、これまでの人生でいちばん寒い街だった。

この街ではそれ以外にも面白いことがあった。というのもエドモントンは、レゲエ業界から指名手配状態の奴が住んでいる街だった。そいつは勝手に人の音源をCDにして売っていて、ジャマイカ人から「あいつ絶対に見つけ出してやる！」と言われていた。アーティストから怒られてもリリースを続けていたから、ガッツリ儲けていたと思う。まあ、そいつに音源をリークして儲けているジャマイカ人もいたんだろうけどね。

で、そいつはMIGHTY CROWNのファンで、俺らのCDも勝手に出していた。CDにはメールの連絡先も書いてあったから、「おまえ、どうやって出したんだコレ！」と連絡をしたんだけど、そいつは逆に「MIGHTY CROWNのミックスCDを出したいからレコーディングしてほしい。この金額でどうだ？」みたいな連絡を返してきた。当然断ったけどね。

そして、俺らがエドモントンに行ったとき、奴のほうから「MIGHTY CROWNがエドモントンに来ているの知ってるぜ」ってコンタクトがあった。それで、どんな奴だか確かめるために会ってみることにした。

そいつは俺らが泊まっているホテルまで迎えに来た。奴が乗ってたのは、当時イケてる車としてステータスがあったエスカレード。ホイールもガッチリ履いていて、「おまえ、成り上がってんじゃねえかよ！」と思った。「おまえのこと探してるジャマイカンがたくさんいるぞ！　俺らがバラしてやろうか？」と言って、写真も撮った気がするな。

そいつは自分のアジトに俺らを呼んでもてなしてくれた。カナダのような寒い国では家の防寒がしっかりしていて、ホテルや家の中は普通は暖かいんだけど、エドモントンは中に入っても寒かった。そいつの家の地下でチルって酒とか飲んでいたときも寒かったし、頼んだピザもすぐに冷えた。それで外に小便をしにいったら、すぐに凍っちゃって「バナナで釘が打てるってこういう場所なんだな」と思ったよ。

移動しながらオールナイト・パーティー7連チャン。過酷すぎる欧州ツアー

俺らは世界中のイベントに呼ばれてきたけど、出演時間は国や地域によって違いが大きい。アメ

リカでは30分か40分くらいの1ラウンドで終わることが多くて、カリブ諸島の国でも30分から1時間くらいの場合が多い。イギリスはそこまで長くないんだけど、ヨーロッパの国は余裕で2、3時間回すことになるから大変なんだよね。

いわゆるクラブDJは基本的にはDJプレイに集中できるけど、サウンドの場合は間にMCもガンガン入れる。客と向き合ってMCをする必要があるし、曲を止めて少し喋ることもあるから、体力も普通のDJの何倍も使うんだよね。

ヨーロッパではそれを2、3時間やるうえに、ツアーでどんどん移動もしなきゃいけない。昼間は飛行機や電車で何時間もかけて移動して、ホテルに着いたと思ったらすぐダンス。で、プレイした後、ほとんど寝る間もなく翌日の日中に移動……なんて日が1週間くらい続くこともあった。そんな感じでスイス、イタリア、スペインと国をまたいで移動したりするから、仮眠して目が覚めたときに「あれ、いまどの国だっけ?」ってわからなくなることもあった(笑)。

サマータイムからウインタータイムに切り替わる日にパーティーをしたときも辛かった。2時間くらいプレイしたかなと思ったら、時計が1時間戻るから、「すげえ長くやった気がするけど、まだ1時間?」ってびっくりした(笑)。その日は客もめちゃくちゃ盛り上がってたから、よくわからないまま全力で4時間くらいプレイして、クタクタになって「もういい加減終わりにしようぜ!」って終わりにした。

ちなみに俺らがダンスに出演するのは深夜~朝の時間帯が多い。終わりの時間はまちまちだけど、お酒の提供時間が法律や条例で決められている地域の場合は、それに従う形になる。たとえばアメ

Mamanera Beach（レッチェ、イタリア）

Rototom Sunsplash（スペイン）

リカのボストンは深夜2時ぴったりにダンスが終わる。めちゃくちゃ盛り上がってたのに、曲の途中でバチンって電気を落とされたこともあった。1曲分くらい待ってくれる日本とは大違いだよね。

3回出演オファーのあったアフリカ。ラスタファリアニズム発祥の地

（SAMI-T）

MIGHTY CROWNはアフリカには行ったことがないけど、レゲエのカルチャーでは重要な場所だから、少しエピソードを書いておきたい。

俺らのもとにも出演オファーだけなら3回くらい届いたことがある。アメリカでナイジェリアの王族だったか、政治絡みの偉い家系の人と会ったときに、「おまえらのこと呼ぶから」と言われて、日程まで決まったこともあった。ただ、その後で戦争がはじまって国の状況が変わったり、政権が変わってそいつも立場を失ったりして、出演の話は結局ナシになってしまった。

でも、そういうオファーがあるように、アフリカにもレゲエシーンはあるし、サウンドもいる。いまクラッシュのシーンでいちばん売れっ子なのも、南スーダンから来ているDynamiqというサウンドだからね。

そして、レゲエ好きは知っている話だけど、アフリカはレゲエのカルチャーと深い関わりがある。

エチオピアにハイレ・セラシエ1世という有名な皇帝がいたけど、その人の名前はラス・タファリ・マコンネン。ジャマイカの労働者階級や農民からはじまって、ボブ・マーリーをはじめとするラスタマンとかが信奉していたラスタファリアニズムでは、彼は神ヤハウェ（ジャー）の化身とされているんだよね。ハイレ・セラシエは、ジャマイカの黒人民族主義者の「アフリカを見よ。黒人の王が戴冠する時、解放の日は近い」という1927年の予言のあとに皇帝になった人物だったから、1966年にジャマイカに来たときは、もう熱狂的に迎えられたみたい。

ラスタファリアニズムはラスタの生活様式全般を支える思想で、ドレッドヘアとか、ガンジャを聖なるものとして見ることなども思想のひとつ。そして、そこにはアフリカ回帰主義の思想もある。だからレゲエの歌詞ではエチオピアの首都のアディスアベバ（Addis Ababa）とかもよく出てくる。アフリカは「マザーランド」のような存在なんだよね。だから「マザーランドに帰るぞ！」みたいな歌詞はよく出てくるけど、実際に帰ってる人はあまり見たことがないな（笑）。

2章

レゲエで出会った世界のスペシャルな場所と人たち

「MIGHTY CROWNイケてるよ」とカセットを押し売りしてきたジャマイカのキッズ

前章ではヤバい話ばかり書いてしまったから、ここでは世界を巡るなかで嬉しかった体験や楽しかったことを書いていこうと思う。特にジャマイカについては書きすぎちゃったけど、ジャマイカの国も人も大好きで、リスペクトしていることは理解してほしい。

まず嬉しかった体験として思い出すのは、2000年代前半にジャマイカ・ワールドクラッシュに出た翌日、モンティゴ・ベイで出会った小学生のこと。

俺がビーチ沿いでジャマイカ人たちと昨日のサウンドクラッシュの話をしてたら、カセット売りの小学生が「カセットテープ買ってよ！　ジャパニーズ！」って話しかけてきた。面白いから「おお、そうか。今は誰がイケてるんだ？」って聞いたら「MIGHTY CROWNって奴らがいんだけどさ」って言うんだよ（笑）。

それで「へぇ〜、そいつらヤバいんだ？」ってちょっと泳がせたら「今めちゃくちゃ来てるね！　テープもスゴい売れてるから」って。俺は「そうなんだー」って平然と返答してたけど、周りのジャマイカ人たちがクスクス笑ってるから、小学生も「もしかして……おまえがMIGHTY CROWNか！」ってやっと気づいてくれた。俺も「そうだよ」って正体をバラして「俺らのテープ、ガンガン売って稼げよ！」と伝えた、なんてこともあったたね。

そうやって子どもの頃からMIGHTY CROWNを知っていた人は、実は世界にけっこういる。長いことサウンドで世界を回っていると、「小さいころにMIGHTY CROWNのテープを聴いて影響を受けた」と言われることがよくある。「ずっとファンだから、俺らのサウンドの名付け親になってほしい」と言われたこともあった。

最初に聞いたときは、「え、なんではじめて行った国の子どもたちが？」って驚いた。SNSもない時代。海外のメディアによく出ているわけでもない自分たちが、どうして知られてるのか不思議だった。

2000年代前半、アメリカのシアトルに行ったときも面白い体験があった。シアトルはレゲエやサウンドが盛んな街ではないし、俺らのイベントも200人規模の会場だったけど、なぜか会場に入れないくらいの人が来ていて驚いた。

海外では成人しないと入れないイベントも多くて、IDチェックが厳しい。この会場では、親子で来たのに、10代前半の子どもを外に待たせている親がいたんだよね。それでイベントが終わったら、その子どもが寄ってきて「ファンだからサインして」って。嬉しかったけど、親のやってることに衝撃を受けた体験だったたな。

ドイツとトリニダード・トバゴのファンが自作Tシャツで出迎え

これは２０００年代前半に行ったドイツツアーの話。

ドイツではフォルクスワーゲンの旧型のバンで移動して、２週間くらいツアーをしたんだけど、距離を測ったら５０００キロ以上だった。アメリカの西海岸から東海岸まで横断できる長さだからヤバいよね。

印象に残っているのは、ドイツのどこの街だったか忘れたけど、MIGHTY CROWNのグッズを自作しているファンがいたこと。ドイツではグッズを買えないからって、俺らの曲にあった「NEVER DIE」ってフレーズを使って、勝手にTシャツを作ってたんだよね。

トリニダード・トバゴにも同じようなファンがいた。自分たちがやっているブランド「Nine Rulaz（ナインルーラーズ）」のグッズが売ってないからって、勝手にペンで描いてデザインしてた（笑）。ドイツとトリニダード、ぜんぜん違う国で同じようなことをしているファンがいたのは面白かったし嬉しかった。

あとオーストリアのウィーンに行ったときに、５００人くらいのハコの観客のうち数百人が、日本国旗を持って出迎えてくれたこともあった。プロモーターが気を利かせてくれたのかもしれない

自作Tシャツでイベントに来たドイツ人ファンと

けど、ものすごいウエルカムな空気だったからよく覚えてる。

ヨーロッパにサウンドが増えたのは、俺らがワールドクラッシュに勝ってからだと思う。当時は気づきもしなかったし、明確なデータがあるわけじゃないけど、何年も経って、ヨーロッパを回っているときに、そう感じることが増えてきたんだよね。

たとえば、パリで有名なサーカスみたいなハコ「Cabaret Sauvage」で地元のサウンドDANCE SOLDIAHの10周年イベントに呼ばれたときは、彼らに「ＣＲＯＷＮの影響でサウンドをはじめた」と言われた。

イタリアのシチリア島のイベントに行ったときも、現地のサウンドに「おまえらの影響で俺らはここまでやってこれた」って言ってもらったな。

自分が行ったことがなかった国や、知りもしなかった街で、自分たちの影響を受けた人がいる。俺らをきっかけに音楽活動をはじめた人がいる。人との出会いでそういうことを知ると、「ああ、サウンドをやってきた甲斐があったな」と思うよね。

ちなみにジャマイカにも俺らの影響を受けているサウンドはいるけど、ジャマイカ人は「レゲエもサウンドも自分たちの文化」ってプライドがあるから、そういうことはあまり言わないね（笑）。でも、そんなジャマイカ人でも俺らの影響を公言してくれた人が何人かいる。ダンスホールのアーティストでグラミー賞の「BEST REGGAE ALBUM」にノミネート経験もあるＣＨＲＯＮＩＸＸ（クロニクス）もそのひとりだ。

ちなみにクロニクスの父親はＣＨＲＯＮＩＣＬＥ（クロニクル）って名前のアーティスト。だから親の影響で小さな頃からいろんなカセットテープを聴いていて、小学生時代からMIGHTY CROWNのテープも聴かされてたらしい。本人からそう聞いて、「俺らも長いこと活動してるんだな」って思った（笑）。

今のダンスホールのシーンで5本の指に入るアーティスト、Masicka（マスィカ）も、高校生の頃から俺らを聴いて育ってきたと言っていた。10年前かな、俺らがジャマイカのスタジオでダブを録っているときに、Masickaも含めていろんなアーティストがいたんだけど、Masickaは「おまえら、いまダブ録ってる人たち誰だかわかってんのか？ MIGHTY CROWNだぞ」って言ってくれてね。周りの若い奴らは知らない人が多かったけど（笑）。

白人VS日本人の対決で観客は9割黒人。デヴィッド・ロディガンとの戦い

アメリカのニューヨーク州とコネティカット州、ニュージャージー州の3州はトライステート（Tri-State）って呼ばれている。近いエリアだから文化も似ているし、自分たちのベースはニューヨークだけど、コネティカットやニュージャージーでもサウンドクラッシュはよくやってきた。

そのコネティカットで2000年にはじめてDavid Rodigan（デヴィッド・ロディガン）と対戦

した。70代になった今では大英帝国勲章やジャマイカ国・名誉勲章を受章しているイギリス人のセレクターで、特にレゲエの分野では世界中で尊敬を集める人物だね。彼が40代後半で、俺らが20代の若造だった頃に対戦をした。

面白かったのは、イギリスの白人のロディガンと日本人の俺らがアメリカのコネティカット州で戦っているのに、会場に2、3000人のお客さんが入っていて、その9割が黒人だったってこと（笑）。その黒人たちにはジャマイカ人もニューヨーカーも地元コネティカットの人たちもいたと思うけど、もう国際色豊かだよね。こんな現場、今振り返ってもすごく珍しいと思うよ。

ちなみに俺らは、サウンドクラッシュの世界の新星的なポジション。年齢も20代だったから、若い奴らはほとんど俺らを応援していた。でも年上の人たちはロディガンが好きだから、客席もバッチバチな感じの構図で、面白かったね。

そのときにロディガンがかけたのが、Fugees（フージーズ）のWyclef Jean（ワイクリフ・ジョン）がプロデュースしてビルボード1位になったSantanaの『Maria Maria ft. The Product G&B』のダブだった。

曲のかけ方も「そりゃ盛り上がるだろ」というかけ方だった。クラッシュの最後のほうで、ワイクリフのボディーガードのビーストって奴が入ってきて、客の目の前でロディガンにダブプレートを渡した。それでロディガンが「ああ、この曲知ってる!-」みたいな素振りで『Maria Maria』のダブをかけはじめたんだよね。いま流行りの曲をいち早く使ったダブだったから、客はドカンと湧いた。その後は俺らは何をかけてもウケず、完敗といえる負け方をした。

ニューヨークのクイーンズでロディガンとタイマンクラッシュ

超大物フージーズのワイクリフにビガップされた思い出（SAMI-T）

このクラッシュのエピソードにはまだ続きがある。

まず、クラッシュが終わった会場には、ダブを提供したワイクリフ本人が来ていた。自分も好きな世界のスーパースターが、俺らのクラッシュに来てくれているんだから、本当なら嬉しいはずなんだけど、俺は心底ムカついていた。俺からすれば、「ロディガンには曲をあげて、俺にはくれていない。そんなバイアスはズルいだろ！」って気分だったからね。

それで俺がワイクリフと話しにいこうとしたら、「行くな、あいつに来させろ！」と黒人の仲間に言われた。だからそのまま動かずにいたら、ワイクリフのほうからこっちに話しかけにきた。それで「俺もMIGHTY CROWNのファンなんだよ」って言ってきたんだよね。

そう言われても俺はまだムカついてたけど、ワイクリフもそんな俺の気分を察したのか、「とりあえず、俺の連絡先をメモしろ。こんど俺のスタジオに来い」と言ってくれた。

それで後日、気を取り直して連絡をして指定された場所に向かったら、そこは世界的な大スターたちが使っているニューヨークでいちばんのレコーディングスタジオ。その超高価なスタジオをワイクリフは1か月くらい貸し切りで使っていた。俺はFIRE BALLのCHOZEN LEEと一緒に行ったんだけど、「このスタジオめちゃデカいな！」って完全に食らっちゃった。

そこではワイクリフ本人からいろんな曲を聴かせてもらって、「今度ダブを録ってやるよ」とも言われた。そして「今からちょっと出なきゃいけないパーティーがあるから、一緒に来い」と誘われた。ワイクリフ一行が移動する車は4台くらいあって、車種はエスカレードだったかな。そのいちばん最後のやつに乗って、俺らは会場に向かった。

向かった先はマンハッタンのクラブで、300人くらいの超金持ちのジューイッシュ（ユダヤ人）が、ワイクリフを呼んで行うプライベートなパーティーだった。そこでワイクリフはショーをやって、俺らは客席の端っこでその様子を見ていた。そしてワイクリフがステージ上で「あそこにジャパニーズの奴らがいるだろ。あいつらはMIGHTY CROWN。ワールドチャンピオンのサウンドだ！」と俺らを紹介してくれた。「やべえ、ワイクリフにビガップされてるぞ！」ってめちゃくちゃアガったし、「ニューヨークって夢のある街だな」と感じた。

そして後日、約束どおりにワイクリフのスタジオでダブを録らせてもらった。

その2か月後に、俺らはまたロディガンと再戦。そこで俺らは前回の仕返しにワイクリフのダブをかけて、会場をブチ上げて勝利した。今度はロディガンが超怒ってたけど、ワイクリフ的には「これでイーブンだろ」って感じだったんだろうね。

ちなみにロディガンは世代的にはもう大先輩。ボブ・マーリーにインタビューをしたこともあるすごい人だけど、クラッシュでは何度も戦ってきた。今年（2023年）にも日本で一緒にツアーをやったけど、よき先輩であり、よきライバル、最高な人である。

ロディガンは、ジャマイカの黒人が中心の音楽の世界で、ひとりでずっと頑張ってきた白人。アウェイの環境で差別もされてきただろうし、同じ外国人枠みたいな扱いを受けてきた部分でも、シンパシーを感じることが多い。そしてレゲエの歴史にもすごく詳しくて、生きるレゲエの教科書みたいな人だから、その部分でも本当に尊敬をしている。

ドイツは時速200キロ。ジャマイカ人も興奮の「Bullet Train」

（SAM-T）

世界をツアーするなかでは、いろんな国のいろんな乗り物に乗ってきたけど、驚くことが多かった。

まずカリブ海の移動は飛行機がメインだけど、この飛行機が電車でいうと各駅停車。たとえばジャマイカから南米大陸に近いトリニダードに行こうとすると、まずアンティグアに降りて、次にドミニカに降りて……と、途中で通過する島でいちいち45分おきくらいに着陸する。そのたびに乗客が乗り降りするんだよね。だからジャマイカを朝に出てもトリニダードに着くのは夕方くらい。「直行便出せよ！」と思うけど、それだけ各々の島の利用者が少ないんだろうね。飛行機はアメリカの国内線みたいな感じで、小さくはないんだけど。

ドイツツアーのときには現地のサウンドの奴らが運転する車に乗ったけど、驚いたのはそのスピード。高速道路アウトバーンは制限速度が日本より上で、210キロとか普通に出してるんだよね。だから1時間くらいで着いた場所は、日本だと2時間はかかる場所だった（笑）。周囲の車を見ていても、「120キロじゃ全然遅いし、180キロくらいで普通」って感じだったから、日本とは世界が違う感じだった。

あとドイツはベンツの国だから、タクシーもベンツだしバスもベンツ。向こうの人からすると当たり前なんだろうけど、見た目もオシャレだし、日本人の俺としては興奮した。

ジャマイカの奴らも飛ばし屋で運転が荒い。ジャマイカでブジュ・バントンのバイクで2ケツしたときとかは、早すぎて怖かった。ブジュが日本に来たときに、俺の運転する車に乗せたら、「おっせえな！　俺が運転したほうがいいんじゃないか？」って言われたから、感覚が違うんだと思う。

あと昔のジャマイカの道路は日本みたいにきれいじゃなくて、穴が空いていたりデコボコしているところも多かった。そんな道路でもジャマイカの人たちはスピードを出すんだよね。ゆっくり走ると穴にタイヤがはまって危ないんだけど、すごいスピードで走るから、穴の上もビュン！って浮いて通過してく感じ（笑）。「こいつらの運転ヤバいな」って思った。でも流石に交通事故で死んでる人も多いらしい。

そんなジャマイカ人が日本で興奮していた乗り物は「新幹線」。MIGHTY CROWN25周年のツアーでジャマイカからCHRONIXXを呼んだとき、羽田の飛行機が欠航になって、みんなで新幹線で移動したことがあった。ジャマイカのみんなは新幹線に乗ってみたかったみたいで、弾

ブジュ・バントンがひとりで横浜にいる俺らに会いに来た

丸のように早い列車ということで「Bullet train!」と呼んで喜んでいた。
ジャマイカンもニューヨークの地下鉄なんかは乗ったことがあるんだろうけど、新幹線みたいな電車で長距離を移動する経験はあまりなかったみたい。新幹線も東京―大阪間だったら途中に富士山も見えたりするし、街の景色がどんどん変わっていくから、「これも日本のアトラクションのひとつなんだな」と思ったね。俺がスイスで鉄道に乗ったときに、「『世界の車窓から』みたいだな！」って感動したのと同じ感じだと思う。

オールスター集結のレゲエ・クルーズは40か国以上のファンが大集合

（SAMI-T）

ボブ・マーリーの息子でもあるアーティスト、Damian Marley（ダミアン・マーリー）が主催する豪華客船のレゲエクルーズ『Welcome to JAMROCK Reggae Cruise』の話もしておきたい。俺らも2023年に横浜発のクルーズを開催するけど、このクルーズから受けた衝撃は本当に大きかった。
JAMROCK Reggae Cruiseを一言で説明すると、「ディズニークルーズのレゲエ版」。ボブ・マーリー一家が主催するクルーズで、レゲエ界のトップスターが集結してショーをするから、まずレゲ

Welcome to Jamrock Reggae Cruiseの豪華客船

デッキでクルーズを楽しむ水着女子たち

IRISH & CHIN率いるNYのSOUND CHATチーム

船上でのSound Clash at Seaで3連覇

エが好きな人にはたまらない空間なんだよね。

そしてレゲエを詳しく知らなくても、このクルーズ船は乗っているだけで楽しい。中ではショッピングもできるし、やりたい人はカジノも楽しめる。寄港した場所でちょっとした観光もできる。

そして豪華客船のクルーズは「費用が高そう」というイメージが俺もあったけど、渡航費を別にすれば、実は18万くらいから部屋が取れる。その費用に5泊6日のホテル代だけでなく、レゲエのショーの代金、食事代も含まれている。だから海外旅行や海外のイベントに慣れている人には、「むしろ安い」と思う人もいるんじゃないかな。

そしてアメリカ人やカリブ諸国の人を中心に、40か国以上の人がやってくる客層の多彩さもこのクルーズの魅力のひとつ。あと日本だとクルーズ船って「現役引退した人が乗るもの」みたいなイメージがあるかもしれないけど、このクルーズは年齢層も幅広い。30代、40代の人たちもいるし、20代もいる。小さな子どものいる家族連れも多かったりする。日本人のイメージするクルーズ船とはいろんな部分で別物なんだよね。

そんな『Welcome to JAMROCK Reggae Cruise』にはじめて呼ばれたのは2014年。5泊6日の日程で、発着場所はマイアミだった。ちなみにマイアミ発着のクルーズには、ヒップホップのクルーズやEDMのクルーズもある。同じようなクルーズはヨーロッパとかドバイ発着でも開催されているし、海外ではイケてる大人の遊びになっている。

初参加の年の『JAMROCK Reggae Cruise』では、俺らのことを知らない人も多かったと思う。ボブ・マーリーの息子が開催するマーリー家のイベントで、俺らが出てきたイベントやサウンドクラッシュとは客層がまた違ったからね。

　そして初年度はサウンドクラッシュがなく、３日目か４日目にメインステージのパーティーでプレイした。だから１日目、２日目は普通にひとりの客としていろんなアーティストのショーを見て、買い物したりし食事をしたりして、カジノも少しやってみたりした。「こんな楽しい空間あるんだ」って驚いたよね。

　そしてショーをやる前は普通に船内を歩けていたのが、翌日からちょっとしたスター扱い。船内をウロウロして買い物をしてても、メシを食っていても「おまえ、昨日の奴だろ？　写真撮ってくれ」と何度も言われた。

　初年度のショーで手応えを得た俺は、「ここでサウンドクラシュをやったら盛り上がるんじゃないか」と思って翌年からの開催を提案した。それが受け入れられて、２年目からはクラッシュが行われて、クルーズのメインイベントのひとつになったし、俺らはそれを３連覇した。そして３連覇をして「もう同じサウンドと戦い続けても仕方ないからもうクラッシュには出ない」と言った後も、「普通のショーでいいから来てくれ」と言われてこのクルーズには参加を続けてきた。本当に楽しい思い出だらけだけど、不満があるとすれば、俺らがクラッシュをやるのは４日目とかだから、最初の３日間は俺らがクルーズを楽しめなかったことくらいだね（笑）。

ウサイン・ボルト「ダンスホール好きなら知ってるよな？」

（SAMI－T）

俺らのことを気に入ってくれている人で世界一有名な人を挙げるとすれば、ウサイン・ボルトだと思う。2022年、ボルトが新しいアプリのリリース記念のイベントで来日したときに、パーティーに招待されて話す機会があった。

俺は最初、ボルトが俺らのことを知っているものだと思っていたから、参加者がひとりひとり挨拶するとき、「俺、MIGHTY CROWNです！」と伝えた。でもそのときは特に目も合わさず「あ、うん」みたいな感じで終わっちゃった。

食事会では、俺を招待してくれたカナダ人のオーガナイザーと別のテーブルでメシを食っていた。俺の斜め向かいのテーブルには、スポンサーと食事して話しているボルトと仲間のジャマイカ人がいたんだけど、そいつが俺の存在に気づいたんだ。で、そいつと話してたら、ボルトも会話に入ってきたんだよね。

ボルトが3席離れた場所から、「ようMIGHTY CROWN！ 俺は2006年におまえらのイベントを観に行ったんだよ。まだ小僧だったけどな」って喋りかけてきた。俺らのファンだとは知っていたけど、ボルトが客としてイベントを観ていたことにはびっくりしたね。さっきは周りに

ウサイン・ボルトと (2022年)

スポンサーがいたから話せなかったみたいで、そこからは少し話もできた。

ボルトはもともとジャマイカのトレローニーっていう田舎のエリアの出身で、そこは俺らがはじめてサウンドクラッシュをやった場所だったから、話もいろいろ盛り上がった。

そしてボルトは俺と撮影した写真をTwitterにアップしていたけど、ツイートには「Can't say you a dancehall fan & don't know the big bad #MIGHTY CROWN」って書いてあった。「ＭＩＧＨＴＹ ＣＲＯＷＮを知らないやつはダンスホールファンとは言えない」って意味で、世界的なスーパースターがそんなことを言ってくれたのは、やっぱり嬉しかった。

安倍元首相とジャマイカ首相の前でプレイ at 首相官邸

２０１９年12月、外務省からＭＩＧＨＴＹ ＣＲＯＷＮの事務所に「ジャマイカの首相が来日するから、首相官邸でパフォーマンスをしてください」という驚きの連絡があった。最初に聞いたときは、「１００人とか２００人くらい集まるパーティーで、余興的に回せばいいのかな？」と思ったけど、10対10のガチの食事会だったからまたびっくりした。

日本側で呼ばれたのは、ジャマイカに貢献している日本人。俺ら以外だとコーヒー産業の関連で

安倍晋三前首相、ジャマイカのアンドリュー・ホルネス首相と

上島珈琲の会長や商社の丸紅の会長、あとは外務省の中南米大使や、ジャマイカで病気の子ども達のケアをしている女性もいた。そんな食事会に俺らが呼ばれて、一緒に食事をしたうえでＤＪブースでプレイをする。さすがに未体験のことだし、機材を用意してくれた仲間も「え、首相官邸に運ぶの⁉︎」って驚いていた。

当日はいろいろ面白かったよ。スーツは着ていったけど、やっぱり俺らは他の人たちと見た目の雰囲気が違うから、上品そうな女性から「あなたたちは何をやっている方なの？ レゲエ？ まあ！」みたいに話しかけられることもあった。歴代首相の写真が飾ってある部屋に通されて、「ここで少々お待ちください。いま首相会談をしているので」って聞いた時も、「すごい場所に来ちゃったな」と思ったね。

それで食事会の前には出席者がひとりずつ呼ばれて、両国の首相と握手をして、写真撮影もした。席にはネームカードが置いてあって、ふたりにひとり通訳がついて、テーブルの片側がジャマイカ側の人、反対が日本側の人が座る形だった。

面白かったのは、なぜか俺らがジャマイカサイドの席だったってこと（笑）。たぶんジャマイカ側から「ＭＩＧＨＴＹ ＣＲＯＷＮを呼んでほしい」という依頼がまずあって、それで外務省が声をかけてくれたんじゃないかな。外務省の人たちは俺らのことをよく知らない雰囲気だったからね。犯罪歴とかを調べて、バックグラウンドがクリーンだとわかったから、声をかけてくれたんだと思う。

食事会は和やかに進んだんだけど、食事が終わるころに安倍さんが「じゃあ、お願いします」って俺らに言ってきた。「え、この空気、このタイミングで回すの!?」って思ったけど、そこからテーブル前に用意されたＤＪブースに行って、10分くらい回してＭＣした。

場所を考えたベタ寄りな選曲はしたけど、「ＭＣは英語禁止」と言われたルールは完全に無視して、普段どおりにプレイした。でも、食事会の出席者はみんな座ったままで、特に日本人たちは音楽がかかってもガチガチで揺れもしない。俺らもいろんな場所のいろんなイベントに出てきたけど、今までいちばん長い10分間だった（笑）。

でもジャマイカ側の人たちは、さすがに2曲目、3曲目になると、少しだけ身体も揺らしてくれるようになった。それでグラミー賞アーティストのKoffeeの『Toast』（"乾杯"の意味）って曲を「今日にふさわしい曲だ」とＭＣしながらかけていたら、ジャマイカの首相が「ブースの前に行っていいかな?」と言って立ち上がり、ノリノリで踊りはじめた。そしたら安倍さんも「負けてられない!」って感じで、一緒に立って踊りはじめたんだよね。安倍さんの好き嫌いは置いておくとして、「ＭＩＧＨＴＹ ＣＲＯＷＮの音で日本・ジャマイカ両国のトップが踊る」というのは、我ながらヤバい体験だった。

海外のレゲエ界隈の人たちからは、「ジャマイカと自国のトップの前で、パフォーマンスしたアーティストなんて、世界中探してもおまえらだけだぞ」とよく言われるし、俺も誇っていいことだと思っている。

レゲエ業界初、NIKEとのスニーカーコラボも実現

俺らはNIKEをはじめとしたスニーカーブランドとのコラボも何度もしてきた。これも海外の人たちが「MIGHTY CROWNヤべえじゃん!」って驚いてくれる話だね。

ヒップホップではスニーカーが特別なアイテムだと知っている人が多いと思うけど、ブラックミュージックのひとつであるレゲエも同じ。やっぱりスニーカーが好きな人が多いし、NIKEとコラボできるなんて夢のような話なんだよね。

レゲエ業界でのNIKEとのコラボは、俺らが世界初だったみたいで、海外の人からの反響はすごかった。ニューヨークにいるCHINも、「クイーンズで10足ぐらい買い占めたぞ」って喜んでいた。あと俺らのことは知らないと思うけど、ウィル・スミスも俺らのコラボスニーカーを履いていた。

最初にNIKEとコラボしたのは結成15周年の時。その記念アイテムとして、横浜スタジアムでの横浜レゲエ祭の開催翌日に先行販売したときは1日で800足が売れた。

NIKEはアーティストとか著名人からのコラボオファーが多くて、断られる人も多いらしい。だから海外のレゲエのアーティストは「MIGHTY CROWNやりやがったな!」と驚いてい

NIKEとのコラボ

Clarksとのコラボ

た。

その後、NIKEとのコラボスニーカーは全部で5つ出していて、ほかにもル・コック、ディアドラ、CLAE、クラークスともコラボのスニーカーを出してきた。

ちなみにクラークスはイギリスのブランドで、英国領だったジャマイカでも知名度が高い。ルード・ボーイが履く靴としても昔から人気だ。ヒップホップではエアフォース・ワンが人気だけど、レゲエ的にはその立ち位置にクラークスがある感じで、これもジャマイカ人から驚かれる話だね。

首相の前でプレイした件もそうだけど、海外のレゲエのコミュニティの人たちは「おまえらすごいことをやっているんだから、もっと誇れよ！」と言ってくれる。別に俺らも「こんなコラボをしたぜ」と話すこともあるけど、「ジャマイカ人だったらその100倍は自慢してるぞ」みたいに言われるんだよね（笑）。海外の人たちから見ると、俺らにも日本的な「謙虚さ」がまだまだ残ってるみたい。

50Centにアポなしダブ録り突撃。エミネムにも遭遇

（SAMI-T）

俺らはジャンルに囚われず、いろんなアーティストのダブを録ってきた。2003年には世界的

なラッパー50Centのダブも録ることに成功した。

当時の50Centは所属するクルー、Gユニットが売れ出して、新星のギャングスタラッパーとしてもてはやされてた頃。その年にリリースしたファーストアルバム『Get Rich or Die Tryin'』は世界で1000万枚を超えるセールスを記録して、グラミー賞にもノミネートされた。

俺はGユニットのA&Rとニューヨークで会ったことがあったから、前から50Centのダブを狙っていた。OKはもらえていなかったけど、その人を通じて「ダブを録らせてほしい」とお願いもしていた。そして50Centがエミネムの『8mile』のプロモーションも兼ねて来日したとき、「これはチャンスだ」と現場に行ってみることにした。

録音機材を持って向かった先は、ショーが開催される幕張メッセ。関係者でも何でもない俺は、普通は楽屋には入れない立場だけど、イベント関係者に知り合いがいて、そいつに「バックステージパス、ちょっと貸してよ」と頼んで侵入に成功した。

バックステージに入ると、エミネムと50Centには個別の楽屋が用意されていて、50CentのGユニットとエミネムのクルーD12が一緒にいる部屋も別にあった。俺はまず、GユニットとD12のクルーが集まる楽屋に入ってみることにした。

中に入って超驚いたのが、部屋の角にエミネムがいたこと。この日のショーでいちばんの大物なのに、クルーが集まる楽屋の端っこにひとりで佇んでいるのは変だし、なんだかオーラもない。めちゃくちゃ不思議な光景だった。

そして、そこには草をバンバン吸っている奴もいた（笑）。俺は話しながらどんどん吸ってもらって、気分がアガってきたところで、Gユニットのロイド・バンクスとヤング・バックって奴に、「俺はMIGHTY CROWNってサウンドをやってるんだけど、フリースタイルやってくんねぇ？」と頼んでみた。奴らも気分がいいから、ノリノリでフリースタイルをカマしてくれて、まずはそいつらのダブ奪取に成功。そんなことをしていたら、50のマネージャーが楽屋に入ってきた。

彼には俺の話が伝わっていたみたいで、「おまえが50のダブ録りたいって奴だろ。ちょっと来い」と50の楽屋に案内してくれた。そしてマネージャーは、部屋にいた50に「こいつは俺らのクルーの楽屋で俺らをフックアップしてくれた超ナイスガイだ。1曲録ってやってくれないか？」とアシストしてくれた。

そして50は「わかった。じゃあ録ってやるよ」と了承してくれた。俺は「ヤバい。本物の50Centじゃねーか！」って大興奮だったけど、「俺らはMIGHTY CROWNってサウンドで、こんなことを言ってほしくて」と伝えたら、そのとおりにラップをしてもらえた。

そうやってダブを録れただけでもめちゃくちゃ嬉しかったけど、俺は調子こいて「実はもう1曲オケを用意しておりまして、これも録ってほしいんすよね」とお願いをしてみた。当時、50とLil' Kimが一緒にやっている曲が流行ってたから、そのダブも録れるなら録りたかったんだよね。

でも50の返事は「あぁ？おめえナメてんのか？1曲って言っただろ！」という感じだった（笑）。俺は「すみません！調子に乗りました！」と謝って、さっきまでいた楽屋に退散することにした。

で、その楽屋でクルーたちと話してたら、MTVの取材がドカドカ入ってきて、取材陣と一緒にエミネムも入ってきた。まだ部屋の端っこにはエミネムがいたから、エミネムが目の前にふたりいる状況。もう意味がわからなかった。

後からわかったのは、部屋の端っこにいたのはエミネムの影武者だったということ。そいつは「エミネムのそっくりさん」として公募で選ばれて、一緒にツアーを回っていた。ショーのなかで「あっちにエミネムがいたと思ったら、一瞬で反対側から出てきた」みたいな演出の場面で、ステージに出演もしている奴だったんだよね。部屋の端っこにいたのは、D12の奴らもGユニットの奴らも不良だったから、公募で選ばれた彼は居場所がなかったんだと思う。

ちなみにこの日のダブ録りで50Centに払ったギャラはゼロ。大金を払ったという噂もあるみたいだけど、50セントすら払っていないんだよね。大成功のダブ録りだったけど、バックステージパスを貸してくれた仲間から「全然戻ってこないから焦ったよ」と言われた(笑)。

JAY-Zにホテル出待ちで体当たり(SAMI-T)

俺は本当にバカで、「この人のダブを録りたくて仕方がない!」って状態になると、ダメ元で録りに行っちゃう。

それでJAY-Zにもアタックしたこともあった。エミネムのときはショーのバックステージに入れたけど、JAY-Zのときはそういうツテもなかった。

でも俺は、「新宿ハイアットに泊っているらしい」という情報をゲットしていた。だからマリンスタジアムでショーがあった日、その帰りのタイミングを狙って、ホテルで出待ちをすることにした。

ハイアットの入口から少し離れた場所に、車でGメンみたいに張り込んで、1、2時間は待ったかな。そしたら、それっぽい車が入ってきて、中からバッと人が出てきた。それがJAY-Zだった。

よし！と思って俺は車を降りて、JAY-Zを追っかけた。そして、エレベーターに乗り込むあたりで追いつくことができた。そこで一緒に乗り込んで話しかける作戦だったけど、JAY-Zの周りにはセキュリティーが何人もいて、乗ろうとしたところを弾き飛ばされて終了（笑）。まあ予想できた展開だったから、「あー、やっぱりJAY-Zは厳しいか」って感じだった。

JAY-ZのエンジニアとバックDJをしているYoung GuruがMIGHTY CROWNのファンで、そいつ経由で頼めばよかったな……という反省もある。

ただ、別のタイミングで成功したこともあった。

JAY-Zはロッカフェラというレーベルを運営していて、所属するラッパーのMemphis Bleek（メンフィス・ブリーク）を当時のストリート雑誌『WOOFIN'』がインタビューしたとき、JAY-Zも同席していた。俺は現場にいなかったけど、編集長が気を利かせて「MIGHTY CROWNって日本のサウンドが知り合いなんだけど、ちょっとシャウトをもらえないかな？」と頼んでくれた。そしたらメンフィス・ブリークとJAY-Zのシャウトを録ってきてくれたんだ。

ありがたい!

ミッシー・エリオットほか「取材同席」でトライした大物たち（SAMI-T）

メディアのインタビューに同席して、大物のダブ録りを依頼するというパターンはほかにも何度かあった。超大物のMissy Elliott（ミッシー・エリオット）も、FMヨコハマで一緒に番組をやっているDJ BANAがインタビューする機会があって、そこに参加してダブ録りを狙った。

インタビューを一緒に聞きつつ、終わりがけに「俺はダンスホールのサウンドやっていて、こういう感じであなたのダブを録りたいんだよね。少しお願いできるかな?」と提案してみた。本人はサウンドのカルチャーをよくわかってない雰囲気だったけど、そのときはOKの返事もくれた。でもその場では録らせてもらえず、「じゃあまた明日にね」と帰ってしまった。

俺は機材も持ってきていて、その場で録るつもりだったけど、その狙いは失敗した。そして、明日になったらマネジメントが間に入ってきて、口約束は反故になりシャットアウトされてしまった。やっぱり時間が空いちゃうと厳しくなるから、その場でいいノリを作ってササッと録っちゃうのがいちばんいいんだよね。

それが上手くいったのは、２０１０年サッカーW杯のテーマ曲『Wavin' Flag』を歌ったK'Naanのダブ録り。アフリカのアーティストで、ダミアン・マーリーとも一緒に曲を出していてレゲエのカルチャーをよく知っている人だから、チャンスはあると思っていた。

そして、例によって取材に同席して、終わりのタイミングで提案をしたけど、返答はやっぱり「明日やってやるよ」のパターン。インタビューで疲れてる雰囲気も伝わってきた。

でも俺は「今を逃したら今度はねえな」と感じてた。そしてK'Naanがダミアン・マーリーと出した曲『I Come Prepared』（「準備してきた」という意味）にひっかけて、「I Come Prepared,Man?」（俺は準備はしてきてるぜ？）と言ってみた。そしたらK'Naanが「うわ、一本取られたわ！」って感じで笑ってくれて、それでその場でダブを録ってくれた。サウンドクラッシュでも、MCのちょっとした一言で会場を沸かせて逆転できることがあるけど、ダブ録りでも同じようなことはあるんだよね。

ロック殿堂入りのジミー・クリフのダブはなぜ録れたか？

（SAMI-T）

超大物のダブだと、俺らはJimmy Cliff（ジミー・クリフ）のダブも持っている。ボブ・マーリーと並んでロックの殿堂入りしている生きる伝説といえるアーティストだし、ダブ録りなんてする必要ない人だから超レアなんだよね。ジャマイカのサウンドでも持っているのは2つくらいだと思う。

録った時期は00年代前半で、ジミー・クリフが来日したタイミング。俺らは事前に知り合いのミュージシャンに「この曲でダブを録りたいから、オケを作ってくれ」とお願いをして、2つの曲を準備しておいた。そして一緒に出演する昼間のイベントがあったから、そこで熱意と敬意を伝えて交渉することにした。

最初は俺とSIMONのふたりで交渉をしていたけど、ジミー・クリフ側はなかなかOKの返事をくれない。その日のMIGHTY CROWNはダブルヘッダーで、夜には広島のイベントに出るために移動しなければいけなかった。それで時間切れになったんだけど、ジミー・クリフとの交渉も大事だからということで、SIMONが残って俺だけが移動することにした。

そして残ったSIMONが粘って交渉を続けたら、ジミー・クリフが「おまえら、オケはあるのか?」と聞いてきた。それで曲も聴いてもらったら、俺らの情熱が伝わったみたいで、「おまえらがそこまで本気なら仕方ないな」とダブを録らせてもらえた。

そうやって俺らはレゲエ界のレジェンドのダブを多く録ってきたけど、「あの頃に録っておけばよかった」と後悔している人もいる。

たとえばジャマイカの名門レーベル・スタジオ・ワンから1960年代にデビューしたDelroy Wilson(デルロイ・ウィルソン)。1995年に、お願いすれば録れそうなタイミングはあったけど、「今はお金がなくて無理だな」と思っていたら、その1か月後に亡くなってしまった。

ジミー・クリフと

1994年に亡くなったGarnett Silk（ガーネット・シルク）もそう。依頼したときは「いま体調を崩していて無理だ」と断られて、そのときは別のアーティストにお願いをして次の機会を探っていたら、亡くなってしまった。録ろうと思っていたら殺されちゃったアーティストもいたから、タイミングは逃しちゃいけないんだよね。でもこればかりは予想できないから仕方ないんだけど、「思ったらすぐ動くことが大事」という教訓になった。

竹中直人のダブ録り成功は親父のおかげ（SAMI-T）

俳優・竹中直人さんのダブも録ったことがある。

90年代前半、俺がニューヨークに滞在していた時期、ちょっとした失敗をして親父に怒られたことがあった。当時、親父は映画の仕事でLAにいて、「おまえふざけんなよ！ 1回こっちに来い」と呼び出しを食らった。「ヤべえ、シメられる……」と憂鬱だったんだけど、行ってみたら「罰として俺の手伝いをしろ」みたいな話だった。映画の現場に入れる機会なんてないから、逆に超ラッキーだと思った。

そのとき撮影していた映画が、岡本喜八監督の『イースト・ミーツ・ウエスト』。主演が竹中直人さんと真田広之さんで、「おまえはとりあえず監督の付き人としてお世話をしろ」と言われた。

それで竹中さんと真田さんと知り合いになった。

俺は英語ができたから、竹中さんが休日に遊びに行く時も、通訳としてついて行った。ロケ場所はニューメキシコ州だったけど、3日間の休みにロスに行ったこともあった。メルローズ・アベニューって有名な通りの楽器屋さんを巡って、竹中さんは目当てのギターを探したりして楽しそうだった。

そこで少し仲良くなったときに、「実は俺、レゲエのサウンドシステムというのをやっていて、竹中さんのダブというものを録らせてほしいんです」とお願いした。そしたら「おお、いいよ。じゃあ録ろう」となった。そして竹中さんの出番が少ない日に、竹中さんが泊まっていたホテルの部屋にDATの録音機材を持ち込んで録音した。

いちおう台本も用意して、「どうも。MIGHTY CROWNファンの竹中直人です」と言ってくださいとか、「Bombo claat!」って叫んでもらったりとかした。あの人はコメディアンだから、何しろアドリブが面白かった。目の前でギャグをかまされるから、笑いをこらえるのに必死だった。

ちなみに竹中さんとはその後も交流があって、俺らの周年イベントでもシャウトやコメントをくれたりと、本当にお世話になっている。

ニューメキシコ州での映画撮影時with竹中さん

本場に逆輸入。ジャマイカのテレビで横浜レゲエ祭がリピート放送

後の章で詳しく書くけど、俺らは自分たちが主催するイベント「横浜レゲエ祭」で横浜スタジアムを何回も満員にしてきた。そこにはダンスホールというジャンルを知らない人や、そもそもレゲエやジャマイカに興味がなかった人も来るようになった。

そしてジャマイカのアーティストも呼ぶようになると、「日本のレゲエもすごいんだぜ」ということがジャマイカにも伝わるようになった。当時のジャマイカンは、自分たちが住むジャマイカを中心にレゲエシーンを見ていたし、そもそも他の国のシーンにあまり興味がなかった。日本のアーティストを知ろうともしなかった。でもマネージャーのCHINが、ジャマイカのレゲエ専門チャンネル『RETV』を連れてきて、横浜レゲエ祭の映像をジャマイカで流させたんだよね。

それを見てジャマイカ人たちは面食らった。「何これ？ スタジアムが客でいっぱいだけど、すごくない？」「何歌ってるかわかんないけど、日本にレゲエのアーティストってこんなにいるの？」って。俺らの存在はジャマイカで知られてても、日本のシーンの状況はほとんど伝わってなかったからね。そして横浜レゲエ祭の番組は何度も何度も再放送されて、それがジャマイカでも大反響になった。

でも、それにはいい面も悪い面もあった。日本でのレゲエの盛り上がりが知られて「俺も出させろ！」と言ってくれる人が増えたのは嬉しかったけど、なかにはすごいギャラをふっかけてくる奴もいた。3万人規模の観客を見て「めちゃくちゃ儲かってんだろ?」って思ったんだろうね。俺らがステージにどれだけお金をかけてるかとかは、映像だけでは伝わらないから。

でも、2006〜2008年くらいのレゲエ祭の映像がジャマイカでリピート放送されたおかげで、今のジャマイカには「小さな頃にテレビでMIGHTY CROWNを見てたよ」ってアーティストが結構いる。出演した人は「MIGHTY CROWNのアレに出てたんだぜ」と言い続けてくれるし、俺らの名前はどんどんジャマイカにも広まっていった。ジャマイカでは「横浜で行われているレゲエイベント」というより「MIGHTY CROWNアニバーサリーイベント」という認識で伝わったからね。

世界屈指のプロモーター IRISH&CHINとの黄金タッグ

俺らが海外で出会った人間で、いちばん大事な人は誰かといったら、それは間違いなくCHIN。すでに何度も名前が出てきているけど、ニューヨークを拠点に俺らの海外マネージメントをしてくれている奴で、名前はGarfield 'Chin' Bourne。ニューヨークのクイーンズ出身のジャマイカ人だ。年齢はSAMIと同い年で、MIGHTY CROWNのメンバーとは同世代。

そのCHINが組んでいるIRISH&CHINというチームは、この20年のサウンドクラッシュ業界でいちばんのビッグプロモーター。サウンドクラッシュの世界一を決める大会「ワールドクラッシュ」を1998年にはじめたのも彼らだった。俺らをマネージメントしたことも含めて、サウンドクラッシュの業界に新しい風を吹き込み、そのリバイバルの中心を担った存在だった。

CHINと俺らは1999年のワールドクラッシュ優勝後からずっと一緒。1年の半分以上一緒に生活していた時期も長かったから、本当に兄弟や家族と言っていい存在だ。

ニューヨークのブルックリン、クイーンズやジャマイカのキングストンは、2000年前後までは本当に危ない場所で、普通の日本人なら騙されることも危険な目に遭うことも多かったけど、そのコミュニティの掟やマナーを俺らはCHINから教わってきた。CHINはアメリカとジャマイカと、ふたつの国のストリートをよく知っていたからね。

逆に、俺らからCHINに伝えられることもあった。俺らは横浜レゲエ祭とその前身になるイベントを90年代からやってきたけど、イベントが野外に出て数万人規模になる以前から俺らはCHINを日本に呼んでいた。だからイベントが成長していく過程もCHINは見ていたし、ビジネスのノウハウをアドバイスすることもあった。そのアドバイスはCHINがビジネスを大きくするうえでも役立ったって言っていた。

あとCHINは、俺らと一緒にヨーロッパなどをツアーしたことで、世界各国のレゲエやダンス

ブルックリンで行われたWORLD CLASH 99初出場初優勝 (SAMI-T、CHIN、MASTA SIMON)

ホール事情が体感できたと言っていた。特にはじめてヨーロッパを回った2001年頃は、SNSはない時代で、各国の音楽事情は現地に行かなければわからなかった。CHINはもともと国際的な視点を持っていたけど、世界中を回ることでその視点をさらに深めていった。

俺らがワールドクラッシュに勝った翌年には、CHINはもう「ドイツのサウンドが今は面白い」みたいに言っていたし、サウンドクラッシュのカルチャーが世界中にあって、世界のサウンドとつながることでワールドクラッシュのブランドも広められると気づいたんだろうね。あと俺らのことも「日本人を入れときゃ面白い」みたいに色物扱いせず、対等に付き合ってくれる人間でもあった。

そうやってお互いに成長していけたのは本当によかったと思ってる。MIGHTY CROWNはほかの世界中のサウンドの中でも特殊な、いい縁にめぐりあえたなと思っている。

3章 今さら聞けないレゲエ・ダンスホールの基礎知識

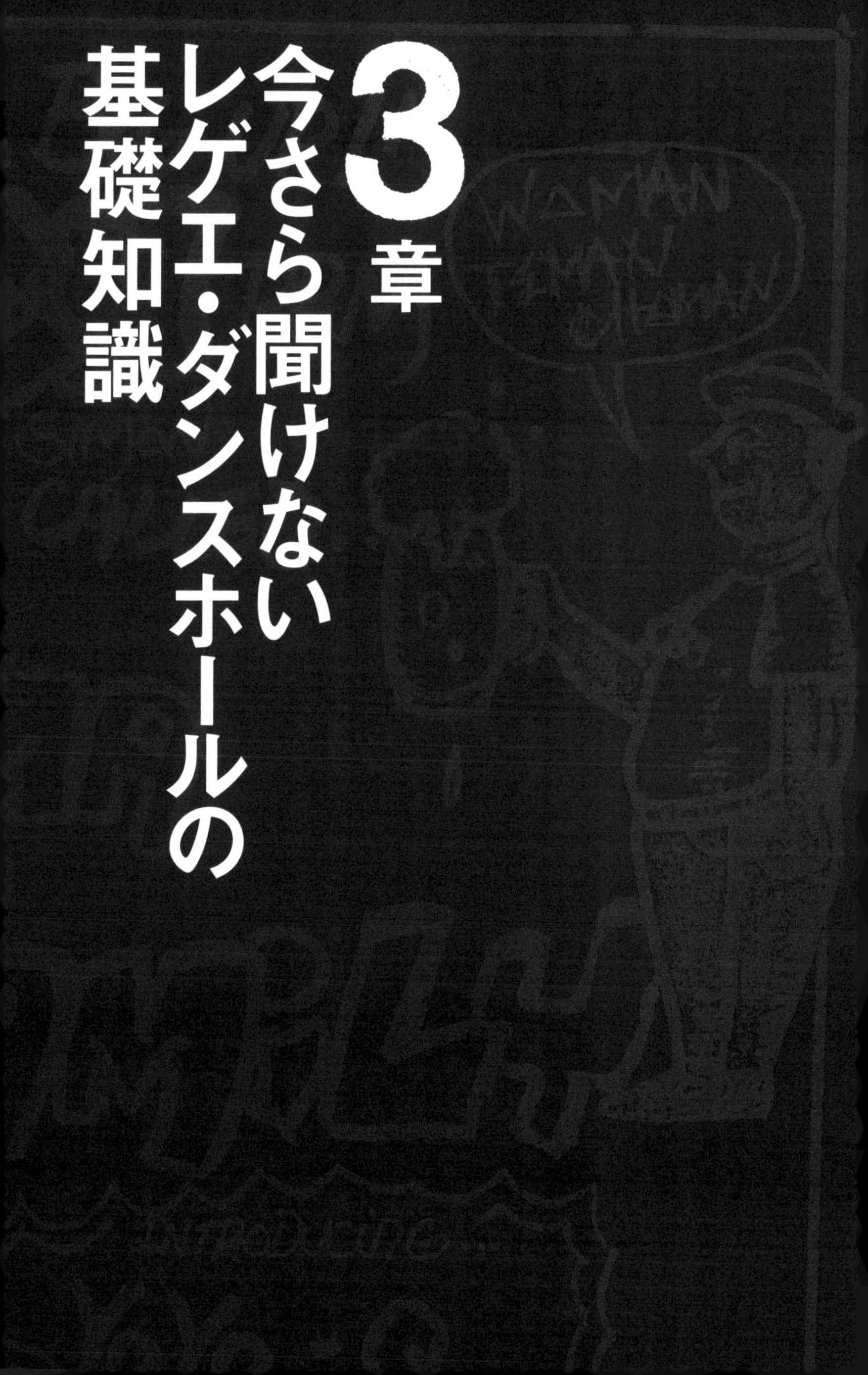

サウンドシステムは「移動式ディスコ」

ＭＩＧＨＴＹ ＣＲＯＷＮのような活動形態のレゲエクルーは「サウンド」や「サウンドシステム」と呼ばれる。

まず「サウンドシステム」というのは、野外やダンスホールに持ち出してパーティーをできる移動式の音響設備のことを指す言葉。高く積み重ねたスピーカー、アンプのセット一式がサウンドシステムだと思ってほしい。

昔よくサウンドシステムの説明に使われてた言葉は「移動式ディスコ」。今では貸しホールを借りてやることが多いけど、野外のフェスに持ち出すこともあるし、山奥やビーチでイベントをやることもある。ジャマイカでは道端とか草むらでもやるし、どこでもできるのが面白いんだよね。

90年代は各々のサウンドが独自のサウンドシステムを持つカルチャーが残っていて、俺らはそこにも面白さを感じていた。ギターみたいな楽器じゃなくて、音響設備がイベントの核になっている点は、このジャンル独特の面白さだと思う。

そしてややこしいのが、サウンドシステムという言葉は音響設備そのものを指すだけでなく、その音響設備を使ってイベントをするＭＩＧＨＴＹ ＣＲＯＷＮのようなクルーを指す言葉でもある。この呼び方が独特だから、馴染みのない人にはわかりづらいよね。

とにかく、ＭＩＧＨＴＹ ＣＲＯＷＮみたいな「サウンド／サウンドシステム」と名乗る人たちは、パーティーを自分たちの機材で組んで、どんな場所でも自分たちのディスコ、クラブにしちゃう人たちのことだと思ってもらえればいいと思う。

俺らのようなサウンドが出演するイベントは、大きく分けると「ジャグリン」と「サウンドクラッシュ」のふたつに分けられる。ジャグリンがいわゆる音楽を流して踊るイベントで、「ダンス」「パーティー」「イベント」など呼び方はいろいろある。独特の用語といえるのは「ダンス」で、俺らの世界では「ダンス行く?」というのは「ジャグリンのイベントに行く?」って意味になるんだよね。

あと俺らの流儀だとジャグリンもサウンドクラッシュも「ライブ」とは呼ばない。ライブっていう呼び方をするのは、レゲエとかダンスホールのアーティストがショーをやるとき。だからMIGHTY CROWNファミリーのアーティスト集団FIRE BALLが単独で出演するイベントは「ライブ」と呼ぶけど、MIGHTY CROWNの単独イベントは「ライブ」とは呼ばないってことだね。

MCN

90年代、旧型のMIGHTY CROWNサウンドシステム

スピーカーの組み方にも音にもサウンドごとの個性がある

サンドシステムの機材の構成は、サウンドごとに個性がある。

積み重なったスピーカーは、大まかに「ローエンド」「ミッドエンド」「ハイエンド」の3パートに分けることができる。スピーカーは1発、2発と数えるから「ロー8発」みたいな言い方をする。ちなみに俺らが1995年にはじめて作ったサウンドシステムは、ローが6発だった。中途半端な数なんだけど、お金もなかったからこの構成になった。それが今のサウンドシステムでは24発まで成長している。

サウンドシステムの構成にはサウンドごとに個性があるし、時期によってその構成も変わる。イギリスなんかは電圧が240Vで、日本の100とか110Vよりも大きいから、8発でもすごいレベルの音が出たりする。あと国によって空気も違うから、俺らが日本でいくら頑張っても、ジャマイカの音には近づけられないんだよね。

そうやってサウンドごと、サウンドの属する国ごとにいろんな個性があるんだけど、共通するのは、一般的な音響設備よりも大きくて迫力のある音が出るということ。

サウンドシステムは音量を大きくすると、床に置いてあるものが倒れるような地響きがする。空間全体が揺れるような音が出る。だから本格的なサウンドシステムを入れたイベントに来たら、まず誰でもその音のデカさと迫力に食らうと思う。「え、何この音ヤバい。クラブともライブハウスとも違う」って。

サウンドシステムの文化はジャマイカではじまり、世界中に広まった

巨大なスピーカーとアンプ、ターンテーブル、レコードを野外やホールに持ち出して、パーティーをする文化は、もともとジャマイカで生まれたもの。そのカルチャーは世界中に広まっている。ただし、大型の機材一式を移動してパーティーをする習慣は90年代後半頃からどんどん薄れていった。そもそも世界中のサウンドが集まるワールドクラッシュなんかは、参加者がサウンドシステムを用意することは難しい。だからプロモーターが機材とブースを用意して戦うような形が徐々に主流になっていった。

海外の有名なサウンドからは「前は持っていたけど今はほとんど稼働していない」なんて話をよく聞くし、大型の音響機材を手放してしまったサウンドも多い。そして今は、レコード、音源さえ持ってくればサウンドとしてパフォーマンスができる時代になった。

でも俺らは自前のサウンドシステムを持ち続けていて、それを保管する倉庫を20年以上借りている。維持するだけでもめちゃくちゃお金がかかるんだけどね。

ただ俺らも自前のサウンドシステムを海外に持っていくことはまずない。でも以前は、大阪や名古屋に遠征するときは、トラックに全部のサウンドシステムを積んで、バンドマンみたいに移動していた。

ちなみにフルセットのサウンドシステムを運ぶ場合は、2トンロングのトラックを使う。パズルみたいにスピーカーやアンプをパッパッに詰めていくから、引越業者みたいな作業になる。あらためて考えると、ほんとバカなことをしていると思うし、よっぽどのパッションがないと続けられない活動だと思う。

そして一部では、今でもサウンドシステムを持ち出してパーティーをするカルチャーは残っている。ジャマイカにもそういうパーティーはあるし、イギリスにも個性的なサウンドシステムが野外に持ち出されるフェスがある。

日本でも独自のサウンドシステムを持つカルチャーが残ってるし、COJIEはそういうイベントを続けている。その点ではジャマイカ的なオールドスクールな文化を日本は継承しているのかもしれないね。

サウンドシステムを保管してる倉庫

サウンドシステムをトラックに積み込む

木材から調達してサウンドシステムを自作

俺らが活動をはじめた90年代は、「自前のサウンドシステムを持ってないサウンドはダメ」という風潮が強かった。だから世界のサウンドクラッシュで戦うためには機材の環境も整えていく必要があった。

90年代のMIGHTY CROWNは、日本と海外を行き来しながら活動を徐々に本格化していき、95年に最初のサウンドシステムを完成させた。横浜の先輩サウンドのBANANA SIZEもサウンドシステムを手作りしていたし、俺らの最初のサウンドシステムの設計図は、BANANA SIZEから譲り受けたものだった。

費用の元手は地道なバイト代。お金を出してたのは俺とSAMIと、MIGHTY CROWNの立ち上げメンバーで後にFIRE BALLとして活動するSTICKO（スティッコ）。この3人がひたすらバイトして、給料の半額を俺が預かって機材の購入費とかに充てていた。そこに自分たちの未来をかけていたんだよね。

購入が必要な機材はニューヨークで買うことが多かった。日本で買うと70万とか80万するアンプが半額以下で買えたからね。「ニューヨークのキャナルストリートにCanal Hi-Fiっていい店があるよ」と教わって、そこで当時、評判の良かったユニットを買っていた。Canal Hi-Fiはアンプもスピーカーも細かな機材も何でも売っていて、有名なサウンドも買いに来ているお店。チャイニーズの

イベントでサウンドシステムを組むSIMONとSTICKO

スタッフがいて、「おまえら日本から来てるのか！」と気さくに話してくれて、俺らがガキンチョだったからか、値段もかなりまけてくれた。

それで日本に帰るときは、「俺はこれ持つからおまえはこれお願いね」みたいに分担して、スーツケースと一緒に機内持ち込みで持ち帰っていた。デカすぎて持ち込めないものは船便で送って、港まで自分たちで取りに行くこともあった。

手作りする部分は、国内で木材を買うところからスタートした。最初は東急ハンズとかにも木材を見に行ったけど、街の木材屋のほうが安いとわかったから、そこで素材や厚さを指定してカットしてもらい、途中からは自分たちでカットした。スピーカーの木材は硬ければ硬いほどよかったから、硬くて重いものを選んだ。

配線管も近所の電気屋でパーツを買ってきて手作りしたし、パテや接着剤で部品を組み合わせたり、ペンキを塗る作業もした。作業場は俺の実家の駐車場だった。

そうやって手作りしたサウンドシステムだから、同じ並びでも右と左のスピーカーで微妙に違いがあった。設計図通りにいかない部分もあったけど、作る過程もすごく楽しかった。最初に音が出たときの興奮は今でも覚えてるし、みんなで喜んだのはいい思い出だね。

「スピーカーを作る」と聞くとすごいことに聞こえるかもしれないけど、作ってみてわかったのは、配線さえしっかりできれば音は鳴るということ。そして、作り方によって音が大きく変わるということだった。

ただ、クオリティを高めるのは素人には限界があった。だから俺らも途中からはプロのスピーカー屋さんに製作を頼むようになった。お金はかかるけど音は段違いによくなったし、やっぱりプロはすごいなと思った。

そしてスピーカー製作を外注することになっても、サウンドシステムは音響屋のような知識が求められる。スピーカーって消耗品の要素が強くて、使えば使うだけ劣化していくし、活動を続けていればツイーター（高音専用のスピーカー）が飛んだとか、ローが飛んだとか、そういうことは頻繁にある。だから一応予備を何個かキープしていて、そのたびに自分たちで部品だけ付け替えたり、ユニットごと買い替えたりを続けてサウンドシステムを維持しているんだよね。

スピーカーについて十分な知識がないと、自分の好みに合った製品を選べないし、理想の音を出せない。日本だとＪＢＬのスピーカーがいいと言う人が多いけど、俺らはイタリアのＢ＆Ｃってブランドが気に入ってる。最近は「中国のブランドからヤバいやつが出たらしいぞ」みたいな話を聞くし、アンプも時代とともに進化していて、薄いのにすごい威力のものがあったりする。

最初に自分たちで作ったスピーカーは、パーツごとに誰かに譲ったり、売ったりして手放していったから、ごく一部を除いてもう残っていない。ただ、その後に作ったサウンドシステムは、今も古くなった部分を替えたり、一部を人に売って手放したりして、どんどんリニューアルを続けている。

ダンスホールレゲエとレゲエはどう違う?

サウンドシステムがクラッシュやダンスでかける音楽は、「ダンスホール（ダンスホールレゲエ）」や「レゲエ」と呼ばれるジャンルに含まれるものが大半。だから俺らMIGHTY CROWNが取り組んでいる音楽も、広い意味でのレゲエに含まれると思ってもらって間違いない。レゲエがどんな音楽かはイメージできる人が多いと思うけど、ダンスホールについてはなかなか耳馴染みのないジャンルかもしれない。

ダンスホールはもともと「踊る場所」を指す言葉だったけど、80年代ごろからレゲエの1ジャンルを指す言葉としても使われるようになった。だからダンスホールは広い意味でのレゲエに含まれるけど、一般にレゲエと呼ばれる音楽とダンスホールは少し違う。特に70年代あたりのレゲエとはかなり違う。

今の若い世代の海外アーティストで、「俺はレゲエをやっている」と言う人はほぼいなくて、みんな「ダンスホール」という言葉を使うんじゃないかな。それくらいダンスホールという言葉がここ10年、15年で強く広まってきた印象がある。

グラミー賞には「ベスト・レゲエ・アルバム」という枠があるけど、受賞者にはダンスホールのアーティストも多い。だから「ダンスホール」という枠にしてもいいと思うんだけど、そうはなっていないし、今もレゲエ本体とはっきり区別されているわけじゃないんだよね。

じゃあ、ダンスホールとは具体的にどんな音楽なのか。

ダンスホールを説明するのに便利なのは、「Sean Paul（ショーン・ポール）知ってる?」って聞くこと。もし知ってたら、「あれがダンスホール」というのが簡単な説明だね。ちなみにショーン・ポールもインタビューを聞くと「レゲエ」って言葉をたくさん使っているんだけど（笑）。

ビートの違いでいくと、ダンスホールはBPMがレゲエより早い曲が多い。

リリックについては、どちらのジャンルでも共通するものはあるけど、全体の傾向として違う部分もある。

まず似ている部分は、どちらのジャンルもメッセージ的なものだったり、ラスタのことを歌うもの、生活のことを歌うものが目立つ。ウィードのことを歌う曲もどちらにもある。

政治とか反戦みたいなテーマの曲はレゲエにもダンスホールにもあるけど、表現の仕方がダンスホールのほうがもっとパーティー寄りかな。

そしてダンスホールはパーティーそのものを歌う曲も多いし、女のこと、セックスのこと、カネのことを歌う曲も多い。「俺らは稼ぐぜ、勝ち上がっていくぜ」みたいなメッセージ性が強いものや、ヘイターに対してのメッセージを歌う曲も多い。このあたりの特徴を考えると、ダンスホールの歌詞はヒップホップと似ている部分があるといえる。

あと女ネタのリリックは、レゲエと比べて露骨なものが多い。そして最近のダンスホールの傾向だと、セックスとかの描写がかなり生々しいものが一部で増えてきている。

90年代にグラミー賞を獲ったShabba Ranks（シャバ・ランクス）の『LOVE PUNANNY BAD』

というアルバムが、その手の作品では有名。当時かなりヒンシュクを買っていたタイトルの「PUNANNY」っていうのは「お○んこ」のことで、「男はお○んこが好きだぜ！」とか、「俺のチンポが」みたいなセックスネタばかりで、嫌いな人も多かったと思うけど、今ではシャバはそのジャンルで人気を確立している。

でも最近は、セックスネタもシャバの時代より生々しくて描写が細かな曲が増えている。ジャマイカでも俺らの年代くらいの人は、「行き過ぎじゃない？」って引いちゃってる感じなんだよね。

俺らの世代が眉をひそめるような曲が流行ってるってことは、それだけ世代交代が進んだってことと。コロナ前後で主役がガラッとかわった感覚があるし、シーンの中心にいるのは10代、20代が多いから、その世代の目線での曲が多くなったんだろうね。

ロックと同じでダンスホールも年々進化していて、どんどん変わってきている。今はトラップ・ダンスホールというのが主流になっている。俺らの世代からすると「これ、ダンスホールなの？」という曲もあるんだけど、それは昔のロックを聴いてた人が最近の音楽を聴いて「これってロック？」と言うのと一緒。

今の若い世代のダンスホールのアーティストには、昔のレゲエを「お父さんが家で聴いてたロック」と同じような古臭い音楽と認識している人もいるかもしれないね。

MC、DeeJay、シンガー。独特の呼び方と役割

MIGHTY CROWNの活動をちょっとでも見たことがある人なら、「サウンドシステムってDJが音楽をかけて、ラッパーがステージで煽る感じでしょ？」くらいのイメージは持っているかもしれない。そのイメージは合ってるんだけど、レゲエの世界では言葉の使い方や役割が他のジャンルとは違う。

まずレゲエやダンスホールのジャンルでは、ターンテーブルで音楽をかける人をDJとは呼ばず「セレクター」と呼ぶ。ここがまず独特だよね。

そして、セレクターと一緒にショーに出演してマイクで煽る人は「MC」と呼ばれる。MCの役割は、ショーのなかで喋って、曲を紹介しながらお客さんを盛り上げること。MIGHTY CROWNでいえば、基本的に俺SIMONがMCの役割を担っている。

MIGHTY CROWNのようなサウンドがダンスやサウンドクラッシュに出演するときは、この「MC」と「セレクター」の組み合わせで出演する。ひとりだけで「サウンドシステム」を名乗っている人もいて、その場合はひとりでMCもセレクターもこなすことになる。

ただ少しややこしいのは、レゲエの世界で「DeeJay」と呼ばれる人も別にいるということ。

レゲエの世界のDeeJayは、ヒップホップでいうところのラッパーみたいな役割で、リズムやビートに合わせてパフォーマンスをする人を指す。この「DeeJay」の意味と役割はほかのジャンルのDJとまったく違うから、レゲエやダンスホールでは「DeeJay」と表記することが多い。

FIRE BALLのメンバーのSTICKO、JUN4SHOT、CHOZEN LEEとかはこのDeeJayを名乗っている。一方で、いわゆる歌を歌う人は「シンガー」と呼ばれて、FIRE BALLのSUPER CRISSは「シンガー」と表記されることが多いね。

ただし、今の時代のサウンドにはDeeJayは含まれないことが多く、基本的に「MC＋セレクター」の構成となる。

クルーの基本は「MC＋セレクター」、海外では「オーナー」もいる

MIGHTY CROWNはいま書いたように基本的に俺がMCで、SAMIとNINJAはMC兼セレクター、COJIEがセレクターという役回り。組み合わせによって役割が変わることもあるし、NINJAがセレクターで俺とSAMIがMCをする時もある。俺がセレクターをする

こともあるけど、メインのセレクター3人は各々が独自のカラーと強みを持っている。

MIGHTY CROWNにセレクターが3人いるように、サウンドにセレクターがひとりとは限らない。サウンドによってはひとりのところもあるし、10人くらいいるところもある。ジャマイカを代表するサウンドStone Loveなんかは、母体が大きいからセレクターの数も多いし、同じ日の同じ時間帯に4箇所くらいのパーティーに出演することもある。これは他のジャンルではまずないことだと思う。

悪い言い方をすると、「フライヤーにはすごい有名サウンドが出てるけど、実際は2軍のメンバー」ってケースもある。わかる人にはセレクターの名前を見ればわかるし、呼ぶ側も「このギャラを払うからこのセレクターに来てほしい」と指定することが多い。俺らがイベント主催者の立場でサウンドをブッキングをするときも、「サウンドを代表するセレクターを呼ぶこと」は徹底して行ってきた。

あと昔のサウンドには、Deejayやシンガーのようなアーティストが所属していて、一緒にパフォーマンスをすることが多かった。MIGHTY CROWNの場合はFIRE BALLのメンバーがそれに該当する。サウンドにアーティストが所属していた背景には、「サウンドのスタイルそのものが当時と今とでは違う」という理由もあった。

90年代初頭は、「ラバダブ・セット」と呼ばれるスタイルが主流だった。ざっくり言えばラバダブ・セットとは、セレクターがかける歌のない曲に合わせて、サウンド所属のDeeJayやシンガーがパフォーマンスをするスタイルのこと。だから昔のサウンドクラッシュでは、曲をかける戦いに加えて、お互いのDeeJayやシンガーもマイクでディスり合ってたんだよね。MIGHTY CROWNも最初はこの形だったというわけ。

そのスタイルを変えたのが、Stone Loveのローリー。彼が生み出したスタイルが「ソウル・セット」と呼ばれるもの。簡単にいえば、セレクターの役割がヒップホップのDJに近くなり、歌の入った曲を流すようになった。そしてサウンド所属のDeeJayやシンガーがいなくなり、ステージ上に残るセレクター以外のクルーの役割は、曲の紹介や司会進行をメインにした「MC」に集約されていった。そしてパーティーでもサウンドクラッシュでも、サウンドのクルーは「セレクター とMC」の構成になっていった。

だから今のMIGHTY CROWNは「ソウル・セット」のスタイルといえる。ただ、俺らが結成した91年は、世界中のサウンドがラバダブ・セットからソウル・セットに移行しはじめている時期。だから俺らも「ラバダブ・セット」からスタートした形だった。ちなみに今はサウンドといったらソウル・セットのスタイルが当たり前。だから若いサウンドの子とかは「君たちはソウル・セットだよね」と言われても意味がわからないかもしれない（笑）。

サウンドにはエンジニア的な立場の人がクルーにいることもある。俺らの場合はFIRE BALLのSTICKOだった。

サウンドでは「この人がリーダー」という話はあまり聞かないけど、MIGHTY CROWNでは俺がリーダーになるのかもしれない。

あと、海外のサウンドには「オーナー」と呼ばれる人がいる。資金面やマネージメントで中心を担っていて、セレクターやMCにお金を渡している人だね。海外だとそういうオーナー主体のサウンドも多いから、セレクターがギャラのいい別のサウンドに移籍することもあったりする。

MIGHTY CROWNには「この人がオーナー」というのはないけど、あえて言うなら俺とSAMIのふたりになるのかな。ただ海外では、俺らのマネージメントをしてくれているCHINが有名だから、「MIGHTY CROWNのオーナーはCHIN」と認識している人もいると思う。

「ヤーマンです」が挨拶に。日本で独自に進化した用語

俺らはサウンドとして世界のステージで戦い、海外のレゲエシーンの最前線に身を置いてきた。その立場からすると、「日本のレゲエについての認識とか言葉の使い方、海外とは違うな」と感じることがいろいろある。どちらが良い悪いという話ではないことを前提に、俺が感じてきたことを書いてみたい。

そもそも日本人の「レゲエ」の認識は、他の国と比べてもかなり独特。世間的にはレゲエの人＝麻の服を着て、ドレッドヘアみたいなイメージかもしれないけど、そういう人はかなりレアなんだよね（笑）。少なくとも俺らの周りはひとりもいなかったし、見たことがほぼない。それは俺らが

ダンスホールのシーンに身を置いていることも理由かもしれないけど、日本では「全部がレゲエ」でまとめられている感じが今もある。

あと「ヤーマン」って言葉の使い方もちょっと変わってるよね（笑）。ヤーマンはそもそも「イエスマン」という意味で、確かにこれはレゲエの言葉。ジャマイカ人はイエスとかイエッサーみたいな意味で使うことが多いし、「これ、取ってもらっていい？」「いいよ」と言うときの「いいよ」の意味で「ヤーマン」と言うこともある。つまりジャマイカの人もよく使う言葉なんだよね。

でも日本では「ヤーマンです！」と言って挨拶したりもするから、かなり独特な使い方になってるかな。あとレゲエ界隈の人は拳を合わせて挨拶することが多いけど、聞いた話だと、両方の拳で挨拶するのを「ダブルヤーマン」って呼ぶ人もいて、その文化は海外にはない（笑）。おもしろい話だよね。

「MIGHTY CROWNはレゲエだからボブ・マーリーが神様なんでしょ？」と言われることも多い。確かにすごく尊敬しているんだけど、ちょっと違う部分もある。もちろんジャマイカではボブは絶対的存在であり、レゲエの象徴であり、ダンスホールの象徴でもある。そしてレゲエに属する全員が、絶対にどこかで影響を受けている。

でもみんながボブ・マーリーを経由してレゲエに入ったかというと、決してそうじゃない。MIGHTY CROWNでもSAMIやSTICKOはレゲエにハマる時期にボブ・マーリーに強い衝撃を受けてたけど、俺は入口が違った。レゲエを好きになっていく過程でボブ・マーリーに心酔する時期があったかというと、正直なかったかな。もちろん今は大好きだけどね。

世界的には80年代にボブ・マーリーのムーブメントがあって、そこでレゲエが広まったのは確かにある。でもその状況は、そのタイミングで体感してる人じゃないとわからないと思うし、俺は体験していないからわからないことなんだよね。

ジャマイカとレゲエの公用語「パトワ」とは

MIGHTY CROWNが海外でサウンドクラッシュに出るときは、イベント中は「パトワ」と呼ばれる言葉で喋る。パトワは、簡単にいえばジャマイカン・イングリッシュのこと。ベースになっているのはイギリス英語で、Littleのことを「Likkle（リクル）」、Tittleを「Tikkle（タイクル）」、Bottleを「Bokkl（ボクル）」って発音したりする。TをKで発音するのがパトワの訛りの特徴で、すごく独特の響きがあるんだよね。

パトワでよく使う言葉は「(Yo)Wah a gwaan? [What's Going on?]」。「調子どう?」って意味で、これは俺らもめちゃくちゃ使う。ザ・パトワって言葉だね。

日本で定着しているレゲエ言葉だとRub a dub（ラバダブ）とかかな。日本ではフリースタイルとかMCバトルみたいな歌のセッションのことをラバダブって言うんだけど、これは海外とは使い方が少し違う。向こうではオールドスクールなファウンデーションのことをラバダブって言うし、昔は男女が踊ることもラバダブって呼んでいた。

あと日本でもよく使われるRagga（ラガ）もパトワの言葉だけど、向こうと日本では少し意味合いが違う。ラガっていうのはRaggamuffin（ラガマフィン）を省略した言葉で、アメリカとかヨーロッパだとダンスホールの中のひとつの音楽ジャンルを指すことがある。あとアメリカの言葉だとラガマフィンは「子どもの乞食」みたいな意味なんだけど、ジャマイカだとrude boy（ルードボーイ）みたいなニュアンスというか、bad（バッド）と同じでダブルミーニングで「かっこいい」って意味でも使われるんだよね。日本ではそういう背景は抜け落ちて、ただ「クールでかっこいい不良」って意味の言葉として使っている人が多そうな気がするな。

俺がYouTubeの動画でよく使ってる「鬼ＢＵＳＳ（ボス）」みたいに、日本語と組み合わさった言葉もある。日本では「ＢＵＳＳる」っていう言い方もするからね。ちなみにＢＵＳＳの意味は、最近の日本語のバズと一緒。でもネット空間というよりイベント会場で使う言葉だから、会場がめちゃくちゃ盛り上がっているときとかに使う感じかな。これもヤーマンと同じで日本独特だね。

パトワの覚え方は俺もＳＡＭＩもＣＯＪＩＥも多少違っていて、ＳＡＭＩはブルックリンの奥の黒人街に毎日出入りして、ジャマイカ人としゃべって学んだ。そうやってジャマイカ人と多く接さないとわからないことが多いからね。あとはテープを聞いて独学しつつ、現場で聞いた言葉と比較しながらいろいろ学んでいく感じかな。

「ダブ」ってそもそも何？

サウンドの世界では「ＤＵＢ（ダブ）」という言葉もよく使うし、すでにこの本でも何度も使ってきた。場面によって指すものは異なることもあるので、ここで一通り説明しておきたい。

まずダブというのは「ダブプレート」のことを指す。ダブプレートというのはアナログレコードの一種で、１枚ずつ盤面に直接溝を刻む「ダイレクトカッティング」で作られたレコードのこと。量産されるレコードとは違って、スタジオで録音しながら直接溝を刻んで作るから、オリジナルのレコードをその場で素早く作れるのが特徴。

俺らのようなサウンドは、アーティストに頼んで、その人の曲の歌詞の一部を「自分のサウンドを称える歌詞」「サウンドクラッシュの対戦相手を攻撃する歌詞」とかに差し替えてもらったものを録音してもらう。それが「ダブ録り」で、そうやって録った音源も「ダブ」と呼ぶ。そしてそのダブは、自分たちのサウンド独自の武器になるというわけ。

ただ今の時代は「ダブ録り」をするといっても、録音しながらレコードの溝を刻んでダブプレートを作ることはまずない。メールでダブ録りを依頼して、メールでダブが届くこともある。だから「ダブ」と呼んでいるものがレコードの形になっているとは限らないし、むしろデータで扱われていることが大半になっている。

そして俺らも、この十数年はサウンドクラッシュの現場にダブプレートを持っていかなくなった。

ダブプレート・ボックス

最後にダブプレートを持っていったのは2005年あたりで、今は俺もSAMIもラップトップでプレイをしている。

昔のサウンドクラッシュは全部レコードを使っていて、大量のダブプレートを現場に持ち込んでいたけど、2002年にカナダのサウンドがはじめてCDでワールドクラッシュに出場したあたりから、時代が変わりはじめた。その頃は「レコードを使わないなんて話にならない」「CDにはアートがない」みたいに多くの人がいろんな文句を言ってたけど、3、4年もしたらどのサウンドもCDを使うようになった（笑）。ダブプレートは1枚に6曲くらいしか入らないのに、CDだと1枚に何十曲も入るし、コストもかからないし楽だからね。

ちなみにダブプレートには、「普通のレコードより重い」というデメリットもある。だからボックスに詰めて持ち運ぶだけでも大変だったし、CDとラップトップでプレイできるようになってからは、移動がめちゃくちゃ楽になった。

ただ、ダブがデータで保存したり送ったりできるようになってからは、「自分たちがダブを何曲持っているのか」もわからなくなった。MIGHTY CROWNの手持ちのダブも数えようがないけど、たぶん何万曲とあるだろうし、一度もかけたことがないダブもたくさんある。

ちなみにレゲエのサブジャンルとしても「ダブ」と呼ばれるジャンルはあって、その説明は7章でしているから、そこを読んでみてほしい。

サウンドは「新しい音楽をいち早く提供する存在」だった

（COJIE）

野外にスピーカーとアンプ、ターンテーブル、レコードを持ち出してパーティーをする「移動式ディスコ」、サウンドシステムのカルチャーはジャマイカで1950年代に誕生した。

当時は家でレコードを聴ける人も少なかったし、メディアも発達していなかったから、昔のサウンドシステムの現場は今でいうYouTubeとかラジオみたいな存在だった。人気のサウンドシステムが新曲をいち早くかけて、そのアーティストを宣伝して流行が生まれていく。その流行を作るのがサウンドシステムの役割のひとつだった。

だからサウンドはいち早く新曲をかけるのを競っていた。周囲に何の曲をかけるか知られないように、レコードのレーベル部分を削ってアーティスト名や曲名を隠すこともあった。

そしてサウンドとして人気を得るためには、有名なスタジオやプロデューサーといい関係性を築いて、人気アーティストの曲をいち早く手に入れることが重要。選曲はもちろん、MCの内容や、スピーカーのクオリティーなど全要素が揃ってることが人気サウンドの条件だった。

サウンドがかける「ダブプレート」と「スペシャル」と呼ばれるダブは、昔と今では意味合いが違うものになっている。

サウンドクラッシュで使われる「スペシャル」と呼ばれるダブは、わかりやすく言えば「替え歌」。原曲をクラッシュ用に歌詞を差し替えて歌ってもらい、自分のサウンドをビガップしてもらったり、相手をディスしたり攻撃するのに使うもの。こういうタイプのダブは80年代から増えて、「スペシャル」と呼ばれるようになった。

でも昔のダブプレートはそういう替え歌ではなくて、リリース前の曲や未発表曲のこともあった。そのサウンドのために作られたエクスクルーシブなミックスなど、既存の曲とのミックス違いなどを指すこともあった。そして楽曲を提供するアーティストは、サウンドシステムにそうした曲を提供して、セレクターに現場でかけてもらうことで、お客さんの反応を見てプロモーションとして利用したりしていた。

サウンドクラッシュが「ライブ・アーティストの戦い」から「スペシャルの戦い」に変化した

サウンドクラッシュの在り方も時代とともに変わってきた。

（COJIE）

90年代初期まではサウンドには所属アーティストがいて、それぞれの所属のアーティストが自分のサウンドをディフェンドするというスタイルが多く、サウンドクラッシュでもライブ・アーティストの存在が大きかった。

それが後に徐々に、スペシャルのソウル・セットというジャグリンのスタイルが主流になっていった。そのソウル・セットと言われるスタイルを流行させたサウンドのひとつがStone Loveだった。セレクターのローリーが、ターンテーブル2台でレコードをミックスして、そこにスペシャルを織り交ぜるスタイルを確立したんだよね。

Stone Loveのようなジャグリンサウンドに対して、戦闘的なクラッシュサウンドとして新しい時代を作ったひとつが、Ricky Trooper（リッキー・チューパー）が在籍したKillamanjaroだった。彼らはその後サウンドクラッシュ全盛期をリードするサウンドになった。

そして90年代はハードコアなサウンドクラッシュが盛り上がっていた。MIGHTY CROWNは、そのサウンドクラッシュの全盛期といえる時代に登場した存在だった。

この先のサウンドクラッシュの歴史については、8章でまた続きを書いていく。

4章

頭・カネ・時間の総力戦「サウンドクラッシュ」の魅力

サウンドクラッシュとは何か（COJIE）

ここでは、サウンド同士でどっちが盛り上げたかを競う「サウンドクラッシュ」について解説をしていきたいと思う。

世界のトップサウンドが戦うサウンドクラッシュの頂点の大会「ワールドクラッシュ」では、第1ラウンドは30分で第2ラウンドは15分……みたいなルールをもとにお互いがエクスクルーシヴなスペシャルをかけつつMCをして、勝敗を決める。でも、初期のサウンドクラッシュでは、明確なラウンドという考えや、はっきり勝敗を判定する人も仕組みもなかった。

サウンドクラッシュでは時々、客や演者が興奮してフィジカルなファイトが起きることもあった。相手のスピーカーのケーブルを引っこ抜くとか、ケーブル線を切っちゃうとか、そういう嫌がらせもあったりする。

現代のクラッシュではほぼスペシャルがメインだけど、昔は45（フォーティファイブ）と呼ばれる市販の45回転のレコード（ドーナツ盤）もみんな当たり前のようにかけていたんだよね。

今では市販のレコードだけで戦う「45クラッシュ」と呼ばれるクラッシュもあるし、ワールドクラッシュでも「45ラウンド」をあえて作ったりするけど、昔はそれを混ぜてクラッシュするのが普通だった。

今はスペシャルと呼ばれるダブしか基本的にはクラッシュでかけないから、ダブをたくさんもっていないと勝ち上がれない。なので新しいサウンドが出にくい状況になってきている。

ＭＣバトルと違って「仕込み」が許される

ヒップホップのＭＣバトルは日本でも人気だけど、ＭＣバトルとサウンドクラッシュを比較しながら、サウンドクラッシュの特徴を書いてみたいと思う。

まずＭＣバトルは１対１の勝負が多いけど、サウンドクラッシュはクルー対クルーの勝負。ステージにはＭＣとセレクターがいて、音響担当のエンジニアや、ステージには立たないけど選曲やダブ録りに協力している仲間もいたりする。ひとりでサウンドを名乗って戦う人もいるけど、チーム戦の要素が強くなるのはサウンドクラッシュの特徴だと思う。

そしてＭＣバトルはマイク１本でディスり合って勝敗を決めるけど、サウンドクラッシュはマイクとステージ上でのパフォーマンス、そしてセレクターがかける音源で勝敗を決める。だから「かける曲」だけの勝負じゃないし、ＭＣだけの勝負でもないんだよね。

たとえば同じ曲をかける場合も、ＭＣの紹介の仕方によって聴こえ方は大きく変わるし、お客さんに対する煽り方ひとつでも盛り上がりは大きく変わる。セレクターがかける曲の並びが同じでも、ＭＣ次第で観客の反応もかわってくる。これがサウンドの面白いところだし、ＭＣもすごく大事な存在といえる。

さらに、勝負の長さもぜんぜん違う。MCバトルは何ターンかのやり合いで5分、10分で勝敗が決まると思うけど、クラッシュは何時間もかけて1つのバトルをするからね。「事前にクラッシュ用のダブを用意する」という〝仕込み〟ができるのもサウンドクラッシュの特徴。ダブ録りの時点から勝負ははじまっているし、「どれだけ良いダブを持っているか」が勝敗を分ける。だからSAMIも俺も大物アーティストのダブを録ろうと頑張っていたんだよね。

海外のサウンドクラッシュで勝つには、試合の日に現地入りして会場に行くんじゃ絶対ダメ。今みたいにネットやSNSで流行を掴むこともできないから、早めに現地に入って、その時期のトレンドを掴んだり、シーンの状況を把握することが必要になる。トレンドが変われば、去年はアリだった曲がすごい古びた存在になっていることもあるから、その空気を掴んどかなきゃいけないんだよね。最近はだいぶ慣れたから期間も短くなったけど、以前は1か月、2か月前に現地に入ることもあった。

そのときのクラッシュ、その対戦相手にしか使えない「仕込みのダブ」は、1か月以内とかじゃないと録れないことが多いけど、それ以外の時期でも使えそうなダブは前もってどんどん録っておくべき。俺らは「録れるうちに録っておこう」という感じで、ひたすらダブを録ってきた。一時期は間違いなく世界でいちばんダブを録っていたと思う。

前年度チャンピオンとして臨んだ、クイーンズのアマズーラで行われたWORLD CLASH 2000

カウンターに早がけ。クラッシュで勝つために使うワザ

目の前のサウンドクラッシュ向けに仕込むダブは、やっぱりトレンドの曲を選ぶことが大事。だって、流すだけで盛り上がるんだから。でも対戦相手も考えは同じで、ホットな曲は絶対に狙ってくる。

そして、ワールドクラッシュみたいに5つとか6つのサウンドが出演するときは、戦い方が違ってくる。サウンドクラッシュでは同じ曲のダブを流すこと＝プレイバックは基本的にNG。だから、単純に流行りの曲のダブだけ録ってくると、その曲をかけられなくなるリスクがあるんだよね。

でも同じ曲のダブをかける場合も、「他のサウンドがかけたあとで、そのアンサーになるような歌詞で同じ曲のダブをかける」というのは認められる。「コントラクション」「カウンターアクション」みたいな言い方がされるけど、簡単にいえば同じ曲を使ったカウンターだね。これは労力のかかる作業で予測が外れることもあるけど、当たるとものすごく盛り上がる。

相手のダブに対するカウンターにはいろんな方法がある。

対戦相手のなかには俺らのダブの特徴を知ったうえで、「MIGHTY CROWNは今回もヒップホップのアイツのダブをかけるぞ。みんな聴いておけよ」みたいなリリックのダブを録ってくる

相手がいる。それに対して、相手が予想できないようなアーティストのダブを録ってきて、「今回はおまえらが用意できないアーティストの曲を用意してあるぜ」って返すようなことも俺らはしてきた。

面白いものだと、「ギャルチューンをキルチューンに変える」っていう返し方もある。たとえば、相手が流行中の女子向けのラブソングをかけたとする。流行ってる曲だから当然お客さんは盛り上がる。そして俺らは「相手はこの曲をかけてくる」と予想できる場合、そのラブソングを殺しネタに変えたダブを録ったりする。これも盛り上がる返しだね。

あと拳銃ネタで「この拳銃でおまえをぶっ殺す」みたいな歌詞を相手がぶつけてきそうなときは、その拳銃をより強力なマシンガンに変えたダブを録っておいて、「そんな小さな銃じゃ俺らを倒せないぜ」とMCで攻撃することもある。

俺らのカウンターでハマったのは、Bass Odysseyに対して行った返し。Bass OdysseyはWayne Wonder（ウェイン・ワンダー）の『Calling Your Name』って曲のダブがサウンドのアンセムで、「俺らは有名だからみんなが俺らの名前を呼んでいる」というリリックは毎回盛り上がっていた。そこで俺らはBass Odysseyとのクラッシュに向けて、その曲の「Everybody's calling your name」の部分を「Nobody's calling your name」に差し替えたダブを録った。「おまえらの名前なんて誰も呼ばねえよ」って意味だから、カウンターとして使ったらめちゃくちゃ盛り上がったし、それ以来Bass Odysseyは俺らとの対戦で絶対にその曲かけなくなった。

あと２０００年前半ごろ、俺らとTony Matterhorn（トニー・マタラン）がサウンドクラッシュで流行らせた「早がけ」という技もある。これは自分が先行を取ったときに、最近の流行りの曲のダブを最初のターンで全部かけちゃって、相手のかけそうな曲を全部潰しちゃう作戦。ただ、この作戦ができるのは、先に流行りの曲をかけまくっても、手元にストックが大量に残っているサウンドだけだね。

そして、ダブのネタが切れてくると、かける曲の雰囲気からそれが伝わってくる。そういうときはMCで「こいつはもう球切れだぜ」と客を煽る。それで勝敗が決まった雰囲気になったら、「ロックオフ」という状態になって勝負が早く終わる。野球のコールド試合と同じで、いわゆる圧勝ってやつだね。

もちろん、相手が録ってくるダブを全部は予想できないし、読みが外れることもある。そういうときこそ、MCの力が重要になる。曲で上手く返せないときも、MCで上手く返せれば悪印象は回避できる。ただ曲を流すだけだと返しにならなくても、MC次第で上手い返しになって自分たちが優勢になることもある。

ここまで書いてきたように、サウンドクラッシュではお互いの作戦の読み合いや、クラッシュ中の相手の状況の探り合いも醍醐味のひとつ。あとクラッシュ中は相手のかけた曲を全部覚えてなきゃいけないから、集中力も記憶力も求められる。観客は男ばかりで「ぶっ殺す」みたいな物騒な言葉が飛び交うことも多いけど、心理戦もおもしろいゲームなんだよね。

WORLD CLASH 2001でトニー・マタランとやりあう

ギャラは関係性次第。ダブ録りでふっかけられることも

ダブ録りは楽しい作業だけど、難しいことも本当に多い。

まず、予定通りに進まないことが多い。ダブ録りのためにジャマイカに1週間滞在しても、最初の3日くらいは全然録れなかったりするんだよね。約束してたアーティストと連絡が取れないことがザラにあるし、返事がきてもどこにいるのかわからないこともある。海外に出ちゃってる場合もある。夜しか稼働しない人もいるし、早朝を指定してくる人もいる。あと、約束の時間に来ない人もやっぱりいる。だからもうクタクタだよね（笑）。

アーティストにOKをもらえてレコーディングに行っても、「なんかリリックがしっくり来ないな」なんて言われて、お互いにうーん……と悩みながら何日も過ぎることもある。沼にハマると出てこられなくなるんだよね。

俺らが無名だった頃は、アーティストにお願いをしても、なかなかOKをもらえなかった。「なんで日本人のおまえが俺のリリックを勝手に変えて、それを俺が歌わなきゃいけないんだ？」みたいに言われたこともある。これはジャマイカの島国根性で、「ジャマイカ人の自分たちのほうが上」という意識が彼らにはあるんだよね。

それが、どこかで実力を証明すれば変わる。「MIGHTY CROWNって日本のサウンドの盛り上がりがヤバかった」「あいつらのあの曲はヤバかった」みたいな評判が伝わっていくと、依頼をしたら「おお、いいよ」と受けてくれたりする。さらに実力が認められると、向こうから「これ使ってくれよ」と録音済みのダブを渡されたり、スタジオで一緒になると売り込みをされたりするからね。そのへんはすごくわかりやすい（笑）。

ちなみにダブの録り方は時代とともに大きく変わってきた。俺らが活動をはじめた90年代はアーティストが集まるスタジオが限られていたから、「あのスタジオに行けばこの人たちのダブが録れる」みたいな状況があったし、録音の相場も今より安かった。

それが機材やテクノロジーの進化もあって、みんなが個別のスタジオを持つようになった。だからダブを録る数だけスタジオを回る必要が出てきて、単純に録りに行く俺らは大変になった。そしてスタジオが別々になったことで、ダブ録りの相場もアーティストによりバラバラになった。

じゃあ具体的に1曲いくらなのか……というのは、本当にその時によりバラバラ。お互いの関係の深さによっても変わってくる。「Super Catに依頼したら1曲100万だった」っていう日本のサウンドがいたけど、俺らが依頼したときはそこまで高くなかった。

仲がよければ「今回はタダでいいよ」ということもあるし、無料で何曲も録ってくれる人もいる。アーティストの知名度と気分にもよるし、日によってはタダかもしれないし1000ドルかもしれない。1年前は2000ドルだった人が「今回は500ドルで」と言ってくることもある。アーティストによってなんとなくの値段はあるけど、相場はあってないようなものだと思う。

あとダブ録りでは日本のサウンドとしてムカついてることもある。ダブ録りの依頼を受けるアーティストの中では、「日本人プライス」「ヨーロッパ人プライス」「アメリカ人プライス」「ジャマイカ人プライス」みたいな相場が勝手に作られていて、日本人の場合は高額。日本人はよそ者だから、仕方ないところはあるけど、実際に俺らも「これは相当ふっかけてるな」という金額を要求されることは多々あった。日本のサウンドはダブ録りに積極的だったし、お金を持っているイメージと、言ったら払ってくれそうなイメージがあったんだろうね。

ただ、日本のサウンドはジャマイカのアーティストの収入アップにかなり貢献していると思うよ。ダブだけで何億円もする家を建てたアーティストもいるくらいだから。

サウンドクラッシュは投資。ダブ撮りを頑張るほど赤字に

ダブを1曲録るごとに数百ドルとか数千ドルかかる場合があって、それがサウンドクラッシュに出場することでペイできるかというと、できていないサウンドがほとんどだと思う。このあたりは、いつの時代からからダブ録りの金額が狂いはじめちゃって、悪循環が生まれていると個人的には思う。売れているサウンドでも、ひとつのイベントへの出演でギャラは数十万って世界だからね。

だからひとつのサウンドクラッシュに出るために、500ドルとか1000ドルのダブを何曲も録ってたら、もうイベント単体で見たら赤字になるのは目に見えている。売れてないサウンドはギャラも低いから、ダブ録りを頑張るほどに赤字は大きくなっていく。

だからサウンドクラッシュはビジネスとしては効率が悪いし、単体で儲けることは難しい。その赤字を回収するには、クラッシュに勝って「こいつらイケてる」という評判を広め、ブランド価値を高めて、別のジャグリンとかに良いギャラで呼ばれる存在にならなきゃいけない。サウンドクラッシュは毎週のようにはやっていないからね。

だからサウンドクラッシュは一種の投資。その投資に大失敗して廃業したサウンドもたくさん見てきた。俺らもクラッシュをやるなかで、「大金をはたいて録ったのに、かけられなかった！」みたいな失敗は何度もしてきた。お金をかけて録ったダブが全然盛り上がらないこともあった。でも、「上手くいくかわからない」という状況だからこそサウンドクラッシュは面白い。それを楽しめる奴じゃないと、やってられない世界だと思う。

あと、ジャマイカでダブ録りをするには渡航費だけでも馬鹿にならないから、「代行ダブ」というって、代わりにダブを録ってきてくれる代行屋がジャマイカにはいる。これは俺らが活動する以前の80年代にもいたんじゃないかな。

その代行屋はアーティストの情報を持っているから、「来月のこの日は、このアーティストがこのスタジオでダブセッションをするよ」と教えてくれたりする。それでお金を渡してリリックとかを伝えれば録ってきてくれるって形。日本だけじゃなく、アメリカ、イギリス、イタリアとかドイツのサウンドも代行屋を利用している。

俺らもタイミングによってはそういう代行を使うことはある。でも自分たちが現地に行かないと録れない本当にレアなダブもあるから、全部代行に頼むわけにもいかない。２０００年代初頭には、「現地にも行かずに代行でダブ録るなんてダサい」みたいな空気もあった。それをクラッシュ中にネタに攻撃してくる奴もいた。

あと想像がつくだろうけど、ダブ代行には騙されることもある。お金を渡したのに一向に曲が来なくて、「ああ、あのカネは使っちゃったよ」と平然と言ってくる奴もいる。俺らも騙されたことはあったし、どのサウンドも１回は騙されてるんじゃないかな（笑）。

誰も信じてはいけない。鉢合わせ、裏切り、密告、値切り交渉

いくつかの決まったスタジオにジャマイカのアーティストが集っていた時代は、ダブ録りに行った先で対戦相手と鉢合わせることがよくあった。

鉢合わせたときにどうするかはケースバイケース。お互いにレコーディングのときは一応スタジオから出たりするけど、誰かが相手にリリックを密告することもある。アーティストとの仲介役に

なっていた奴が実は対戦相手の手下だったこともあった。それで本番になったら「うわ、完全にネタがバレてるじゃん！」みたいなことは割とよくあることなんだよね。

そしてアーティスト本人が相手側にバラすこともある。これは完全に裏切りでホントに汚えなと思う。

特に俺らがこの世界で売れてからは、そういう嫌がらせが増えた。逆にいえば、ワールドクラッシュ優勝以前の俺らは「返しを用意するほどの相手じゃない」と思われてたんだろうし、それだけ手強い相手と思われるようになった証拠でもある。

そうやって、どう対策してもバレることはあるから、「バレたらバレたでどう返すか」というのも勝負の分かれ目になる。「マジかよ！」って驚きつつも、瞬時に別の返しを用意すれば巻き返すこともできるから。

あと「どのアーティストのどの曲を使い、歌詞をどう変えるか」がサウンドのセンスの見せ所だけど、俺らの録ったダブを丸パクリされることもあった。実際にいろんなアーティストから、「MIGHTY CROWNと同じ形でダブを録ってくれって依頼があったよ」って話は何度も聞いてきた。俺らとのクラッシュで使ったらパクったことがバレちゃうけど、戦うフィールドが違ったらバレないだろうし、自分らの地元ではウケてるのかもしれない。

俺らは他のサウンドのアイデアをパクることはないけど、意図せず同じダブを録っちゃうことはある。「この曲だったらこの歌詞をこう変えて録るよね」みたいな定番の録り方はあるし、現場で試行錯誤をして「これがベストな録り方だ」と思ったものが、ほかのサウンドと重なっちゃうことはあるんだよね。

朝9時集合で夜まで待機。辛かった無名時代のダブ録り

（SAMI-T）

SIMONも書いていたように、ダブ録りでは指定された時間に指定された場所に行っても、延々と待たされることも多かった。97年か98年に、CAPLETON（ケイプルトン）とSIZZLA（シズラ）のコンビネーションのダブを録ったときはそのヒドいパターンだった。指定された時間は朝の9時。CAPLETONのアジトで少し待たされて、昼前には録音できるかなと思ってたけど、そんな甘いもんじゃなかった。CAPLETONは早めに来たけど、SIZZLAが来たのは11時くらい。そこからSIZZLAがウィードを吸いだして、ラスタフードを食べて……としているあいだに、時間はどんどん過ぎていった。

「じゃ、行くぞ」とスタジオに向かったのは午後3時。そしてスタジオに行ってみると、「今ここは空きがないな」「ここには仲の良くないアーティストがいるからダメだ」とか言いはじめて、結局どこにも入らない。移動中に警察に止められて、当時は草がイリーガルでふたりが有名人だったこともあって、「見なかったことにしてやるからカネよこせ」みたいにタカられたりもした。それ

で3か所目くらいのスタジオで、やっとダブを録ることができた。
朝9時に行ったのに、終わったのは夜の9時。SIZZLAとCAPLETONと、その取り巻きは合間に食事をしていたけど、俺は「メシをくれ」といえる立場じゃなくて死ぬほど空腹だった。そんな俺を気の毒に思ったのか、CAPLETONの取り巻きが「よし、ラスタフード食わせてやろう」と言って、CAPLETONのシェフが作ったメシを出してくれた。それがその日の一発目のメシ。今まで食ったラスタフードでいちばんウマかった。

CAPLETONについては、近い時期に単独でもダブを録らせてもらったことがあったけど、そのとき「じゃあここで録ろう」と指定された場所は。CAPLETONの家の門の前だった。そこをスタジオにして録音しろなんて、ずいぶんと適当だなと思った(笑)。

でも、俺らが無名の頃はいいこともあった。それは、「いくら払えるんだ?」と聞かれたときに、「この金額しかないんですけど、これで3曲録りたいんです」みたいに安いギャラでお願いをしても、それが通りやすかったこと。有名になってからは、ギャラをふっかけられることが増えていった。

そして活動初期の頃の俺らは、ダブ録りの知識もなかったし、踏み込んだお願いもしてなかった。けれどワールドクラッシュに優勝して2、3年経ったころには、少しずつ勝手がわかってきた。

相手側の反応も変わってきた。たとえばBounty Killer(バウンティ・キラー)とかも、最初は俺らが「こういうリリックでやってほしい」と依頼すると「面倒くせえな」って雰囲気だった。それが「MIGHTY CROWNの言う通りに録ったダブはめっちゃボスるぞ」と評判が伝わると、

「で、今回はどのオケで、どういうリリックなんだ?」って少し期待した感じで聞いてくるようになった。そして他のアーティストでも、こっちがリリックに悩んでいると「じゃあこれでどうだ?」と向こうから提案してくれる人が増えてきた。それだけ俺らがこの業界でプロップス(評価や尊敬)を得たってことだね。

優勝賞金はゼロ。クラッシュのギャラや渡航費事情

海外のサウンドクラッシュは勝っても賞金は出ないし、出演料のギャラがすべて。勝っても負けても金額は一緒なんだよね。

渡航費は、俺らが無名のころはサウンドクラッシュやダンスに呼ばれても日本からの旅費なんて一切出なかった。ワールドクラッシュに優勝してからも、日本までの渡航費が出ないこともあった。というのも、俺らはニューヨークにいる時期が長かったし、マネージメントをしているCHINもニューヨークにいるから、旅費が出るとしても起点は日本じゃなくニューヨークにされちゃうんだよね。だからカリブのイベントでもLAのイベントでも費用はニューヨークからで、ニューヨークまでの移動費は自分たちの持ち出しになる。

でもイベント数を増やせば渡航費も稼げるし、NINJAが出る場合もギャラをしっかり用意できる。だからひとつのイベントに呼ばれたら滞在期間を伸ばして、「俺らは1か月はこのエリアにいるよ」と伝えてイベントを増やしていた。

イベントの出演料はサウンドの知名度やイベントによってピンキリ。500ドルや1000ドルでも呼ばれたら出る人もいるし、イベント一発で5000ドルとか1万ドルを手にするサウンドもいる。俺らも本当にケースバイケースだった。

有名になったあとは渡航費が出るパターンも増えて、ヨーロッパとかから単発で呼ばれたときは、渡航費も出してもらえるようになった。「そのイベントのためだけに行くんだから、そこは払ってほしい」と交渉してね。でも、自分たちが出る必要があると感じたイベントについては、自腹で出ていくこともある。そこを渋ってたら新しいものは何も生まれないから。

ちなみに俺らが国内でマネタイズする手段は、主催イベントのチケット代やイベント出演料、Tシャツやタオルなどのグッズ、ミックスCD、カセットの売り上げなど。

特に自分たちが主催したイベントは、お客さんが入ればそれだけ黒字も大きくなる。過去にはデカいイベントで赤字を出したこともあるけど。今はカセットとかミックスCDの文化がなくなったから、イベントとグッズが収入源になっている感じかな。

人気拡大に欠かせない「カセット屋」の存在

90年代や2000年代前半のサウンドクラッシュの業界を語るうえでは「カセット屋」の存在は大きかった。有名なサウンドがサウンドクラッシュをやると、翌日にはその音源を売るカセット屋が現れる。クラッシュが終わった直後にその会場で売ってる奴もいた（笑）。

で、それを別のカセット屋が買って、またダビングして売って……っていう感じで、アンダーグラウンドで音源がどんどん広まって、勝ったサウンドの評判もどんどん広まっていったんだよね。

そのカセットが売れても、サウンド側にはお金は一切入ってこないけど、俺らもカセット屋の存在は認めている。イベントを主催するプロモーターも認めてるし、カセットの売り上げの一部をプロモーターがもらってる場合もあると思う。

グレーゾーンのビジネスだけど、サウンドやプロモーター側にとっても宣伝になるから、暗黙の了解でみんなが認めている。それに、ひとつでもカセットが作られたら、ダビングで広まっていく流れは誰にも止められない。Twitterのリツイートでバズってるのと同じ状況だよね。

今みたいにネットで音源のやりとりや公開ができなかった時代は、サウンドクラッシュのカセットはめちゃくちゃ売れた。特にワールドクラッシュに出るようなサウンドには世界中にファンがいるから、全世界で売れていたと思う。時代が進むと、カセット屋がCD屋になってCDが売られていた時代もあった。それはもちろん日本にも届いていたし、勝手に売っている奴らがたくさんいた。

5章

世界一になるために必要なこと

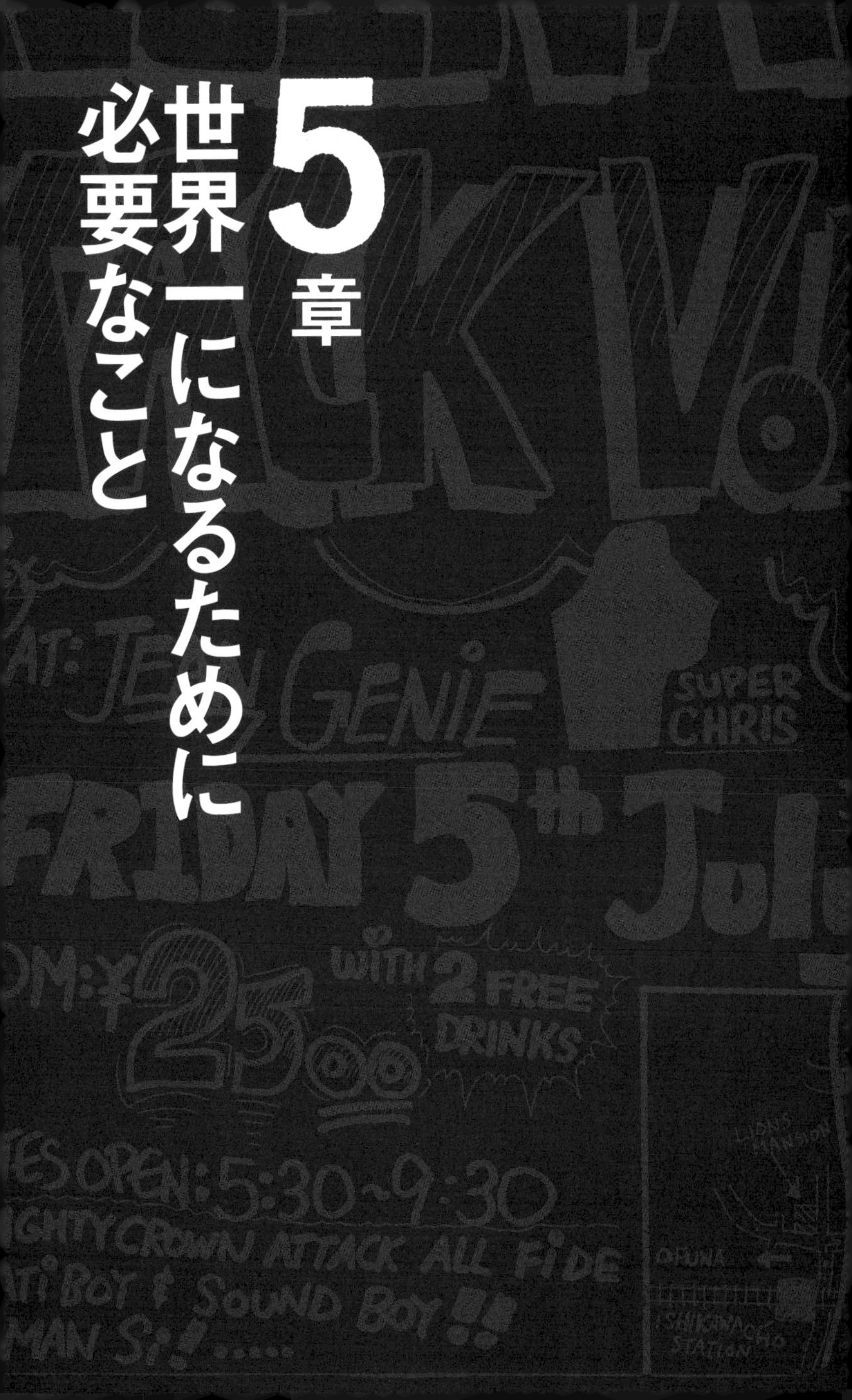

「Element of Surprise」と「印象を残し続けること」

ワールドクラッシュ優勝後も、なぜ俺らが世界で勝ち続けることができたのかを、振り返りながら書いてみたい。

世界チャンピオンになった直後の2000年代前半は、明らかに俺らのほうが盛り上げてたのに、判定になると自分らに手が挙がらないという状況が何年も続いた。

ジャマイカはレゲエやダンスホールの発祥の国だから、「これは俺らの音楽」というプライドが強い。日本みたいな島国根性がジャマイカにもあるんだよね。

でも俺らが世界のトップを獲れた理由は、単純な話で「とことん頑張って攻めた」から。時間を使い、身を削り、お金も使って、ほかのどのサウンドよりも粘り強く戦ってきたし、自分たちの録りたいダブを録ってきたと思う。そしてクラッシュでは「絶対に勝ってやろう」という強い気持ちを持っていた。その根性や情熱は、世界中のどのサウンドにも負けてない自信がある。

根性や情熱がないと勝てないのは、スタートラインの時点で俺らにはハンデがあるから。ジャマイカ人は、レゲエやダンスホールが生まれたときから身近にあるけど、日本にはそれがないからね。

だから何倍も努力を続ける情熱がないと、トップには立てないしトップの立場も維持できないというのは、振り返ると感じることかな。

2000年代前半からの7、8年は、俺らは世界でいちばんダブを録ってきた。それはIRISH&CHINという素晴らしいマネージメントチームが海外にいたからでもあるし、俺らが勝ちに対して貪欲だったからでもある。

自分たちのサウンドクラッシュのスタイルのキーワードのひとつは「ELEMENT OF SURPRISE」。自分たちでも使うし、周囲からも言われたことがある言葉だけど、「何を出してくるかわからない」というのが俺らの特徴で、その驚きで観客を沸かせてきた。

ジャマイカの人気トップ10みたいな曲はしっかり押さえつつ、ヒップホップのダブを録ってきたりと、変化球も混ぜ込んでいくのが俺らのスタイルだった。

そして、世界で人気を獲得できたいちばんの秘訣は「挑戦し続けて印象を残し続けたこと」。ジャマイカのカルチャーの中で戦う日本人の俺らは、ひとつミスをしたら10倍に誇張して広められる。それがこのカルチャーのリアルなんだよね。

俺らが下に見られていた時期は、「日本のサウンドも面白いじゃん」なんてブッキングしてくれていた人も、ライバルだと気づくと手のひらを返して攻撃してきた。自分の立場が危うくなると人は行動を変えるんだよね。

マイアミでの経験から学んだ「失敗したら次はない」という教訓（SAM-T）

ワールドクラッシュ優勝後、俺らにはいろんなブッキングが入ったけど、忘れられないのがマイアミのジャグリンでの大失敗。

たしかSteelie BashmentってＮＹの奴がキープしてたダンスなんだけど、俺らはワールドクラッシュ王者としてトリに出演した。

持ち時間は30〜40分くらい。最初の5分くらいは盛り上げたんだけど、そこから一気に空気が冷めていって、観客は完全にトーンダウンした。俺は「いつもの感じでやってるんだけど、全然盛り上がらないな」と感じていた。

当時の俺らには失敗の原因はわからなかったけど、今振り返るとわかることはいろいろある。俺らはワールドクラッシュに優勝した雰囲気そのままで、ハードコアな部分ばかりを出しちゃったから反応が悪かったんだと思う。この経験は、のちのロックフェス出演のときにも生きている。

そしてショーが終わった後、イベンターは「お疲れさまでした。よかったよ」と言ってくれたけど、それは俺らを傷つけないための社交辞令という雰囲気。

でもＣＨ－Ｎの反応は違って、完全にブチ切れていた。「おまえらナメてんのか！　ダサいショ

5000人規模のSTONE LOVEアニバーサリーで洗礼を受けた

ーしやがって。日本に帰っちまえ！」とボロクソに怒られた。こっちは「別に盛り下げようと思ったわけじゃないし、いつも通りにやったんだけど」って言ったけど、CHーNの怒りは収まらない。イベンターが仲裁に入っても「黙っとけ！これは俺とこいつらの問題だ」って怒り続けた。

CHーNが怒ったのにはワケがあった。そうやって一度でも大きな失敗をすると、同じイベントや同じエリアからは声がかからなくなるからだ。実際、俺らがマイアミにもう一度呼ばれるまでには3年かかった。それは、他のエリアでのイベントを成功させ続けて、その評判がマイアミにも届いたから呼ばれただけで、そうじゃなかったら一生呼ばれなかった可能性もあった。

そのときに体感したのは、「ひとつの失敗で明日のメシが食えなくなる」ということ。だからこそサウンドとしてメシを食っていくには、ジャグリンでもクラッシュでも常にいちばん盛り上げる存在でいなきゃいけない。海外のお客さんは、つまらないと本当に帰っちゃうから、一瞬も気を抜けないんだよね。

CHーNはそういうショーの世界の厳しさを知っていたから。俺らに喝を入れてくれたんだと思う。ショーに出てるときの俺らは楽しそうに見えるかもしれないけど、常に必死だし、毎回が戦いだと思ってる。特に大きなショーはコケたらダメージが大きいから、常に緊張感を持って挑んでいる。

今ではベテランと言われる俺らでも、サウンドクラッシュやジャグリンを楽しい気持ちでできるようになったのは、ここ7年くらいの話だったりする。経験を積んだことでマイアミのような大失敗はしなくなったし、小さな失敗をしても、「人間だから良いとき悪いときがあるし、イマイチな日もあるよな」と思えるようになった。

海外メンバーNINJAの重要性。世界のパーティーで頼れる存在

ワールドクラッシュに優勝したサウンドの全員が俺らのように売れたわけではまったくない。たとえばドイツのサウンドで優勝した奴らは、一時は普通のダンスに呼ばれてたけど、カリビアンコミュニティではリピーターとして呼ばれることは少なかった。やっぱりサウンドクラッシュと普通のダンスではゲームが違いすぎるし、盛り上げるために必要なスキルも違うんだよね。

全体的な傾向として、サウンドクラッシュの客層はやっぱり男が中心。「殺すぞ！」みたいな過激な歌詞やMCも多い。でも普通のパーティーは女性のお客さんが多くなるし、男らしい争いなんかに興味がなくて、楽しく遊びたい人がほとんど。

だからダンスでは「女子を盛り上げられないサウンドは失格」なんだけど、ゴリゴリのサウンドクラッシュで戦ってきた俺らみたいなサウンドは、そこが上手くないケースが多いし、俺らもそれで困ることが結構あったんだよね。

そんなときにMIGHTY CROWNに加入したのがNY在住のNINJAだった。俺らは男

NYの老舗クラブBB KINGで盛り上げるNINJA

が多めのダンスだと盛り上げられるけど、上手くいかないこともあって、正直かなりの波があった。それがＮＩＮＪＡが入ったことでジャグリンも安定して盛り上げられるようになった。ＮＩＮＪＡは女子の多いパーティー向けの選曲や流れの作り方が上手だし、自分も黒人だから黒人カルチャーのツボを知ってるんだよね。

俺らはＮＩＮＪＡの力も借りつつ、自分たちでも場数を重ねて、ダンスの盛り上げ方を勉強していった。最初は国や地域ごとの雰囲気の違いも上手く掴むことができなかったけど、何年も試行錯誤するなかで、徐々に上手く盛り上げられるようになっていった。10代の頃からレゲエにハマってはいても、自分の国の音楽じゃないし、音楽周辺のカルチャーもぜんぜん違うから、何年も学ぶことは多かったね。

流行の曲を使わずにパーティーを盛り上げる力

（ＳＡＭ－Ｔ）

ＮＩＮＪＡがＭＩＧＨＴＹ ＣＲＯＷＮに加入したのは２００５年頃。ＮＩＮＪＡはもともとクイーンズで活動していたKing Agony（キング・アガニー）というサウンドのクルーのひとりだった。そのサウンドは、解散後にKing Addies（キング・アディーズ）のセレクターになるやつもいた面白いサウンドだった。

NINJAは加入以前からMIGHTY CROWNの活動に関わっていたけど、まだ正式メンバーではなかった。でも当時からNINJAのプレイはすごいと感心していた。

当時のNYには、いろんなクルーのセレクターが集まって順々に回すROUND ROBIN（ラウンド・ロビン）という週末のイベントがあり、NINJAはそこで活躍していた。その頃のラウンド・ロビンに出ていたのはエース級のセレクターばかりで、そこで鍛え上げられた奴には今もNYで活躍を続けている人が多い。

そのラウンド・ロビンで「NINJAはすごい」と思ったのは、流行のトップ10の曲を使わずに盛り上げる美学を持っていたところ。ラウンド・ロビンは一晩を通したパーティーだから、本当に盛り上がる曲は3時や4時の深い時間にかけることが多い。だから早めの時間の担当のセレクターは、流行りのど真ん中の曲を避ける必要があった。そしてNINJAは浅い時間の出演でヒット曲を使えなくても、ムードをビルドアップしていくのが本当に上手かったんだよね。

NINJAが正式加入したことで、MIGHTY CROWNはさらにパワーアップした。そしてNINJAはセレクターだけどMCもできる。俺とセットで海外を回るときは基本的に俺がMCだけど、NINJAが加入したおかげで世界各地のイベントに出演できた。

SI-MONと当時在籍していたSUPER G（2001～2012年在籍）がヨーロッパのツアーを回り、俺とNINJAはカリブのツアーを回ってと、MIGHTY CROWNが二組にわかれることもあった。さらに俺がアメリカのアトランタ、NINJAがコネティカットと俺らふたりも割れて出演して、日本でプレイしていたCOJIEも含めると1日4か所でMIGHTY CROWNがプレイしていた日もあった。

サウンドクラッシュの場合は基本的に俺とSIMONのタッグだけど、その横にいるNINJAに助けられることは多い。ジャマイカ人の視点から「相手は次にたぶんこの曲かけるぞ」「次はこの曲をかけたら絶対に盛り上がる」みたいに、俺らにない視点からアドバイスをしてくれるし、MCをして助けてくれることも多いんだよね。

「ジャマイカ人のモノマネ」ではなく、自分たちでトレンドを作る

日本のサウンドが1999年に世界一になったことは、あまりに大きな出来事すぎて、サウンドの世界にはおかしな感情が渦巻く結果になった。

当時はインターネットが世の中に浸透しはじめたころ。自由に書き込める掲示板も流行っていて、そこに書かれていた悪口には、誹謗中傷のレベルを越えたものがあった。「おまえら死ね」みたいなのもたくさんあったし、日本の掲示板より悪質なものが多くて、正直、心が折れそうになることもあった。

俺らは「パイレーツ」とか「コピーキャット」なんて呼ばれ方もよくされた。要するに「ジャマイカのカルチャーを盗んだ奴」「モノマネしている日本人」って言いたいんだろうね。以前よりは全然減ったけど、これは今でも言われることがある。でも逆に俺らこそがトレンドセッターの時期があったと自信を持って言える。

「仕込みのダブ」のあり方も、俺らが変えた部分は大きい。もちろん以前にも、目の前のクラッシュに向けて仕込みのダブを録っていたサウンドはいたけど、俺らは本当に「その日、その場所でしかかけられない」というレベルのダブを積極的に録ってきた。みんな「そこまで仕込むの？」と最初は驚いてたと思うけど、段々と真似るサウンドが世界中に増えていった。

でも、俺らの仕込みのダブのやり方を真似しても、ジャマイカ人は真似したと絶対に認めない。俺らが何回ワールドクラッシュで勝っても認めないジャマイカ人もいる。プレイヤーの多くは俺たちを認めていると思うけど、いざというときbig up（ビガップ）してくれないというか、「おまえらちょっと目立ちすぎだよ」みたいな対応をする人は今でもいる。

そうやって差別されてきたのは日本人だけじゃない。それこそロディガンは白人ということですごい叩かれてきた。彼はそんなことを言っていないけど、「ロディガンは『俺がUKのシーンを作った』『俺がイギリスのレゲエのキングだ』と言っている」みたいな話が出回って、すごく叩かれた時期もあったらしい。

あとジャマイカ以外のカリブの国でも同じジャンルや近いジャンルの音楽はずっと盛んだったけど、そういう音楽へのリスペクトは90年代や2000年代のジャマイカにはあまりなかった。トリニダード・トバゴで生まれた「ソカ」への認識も俺らは変えられたと思っている。ジャマイカの人たちはトリニダードを下に見ている部分があったと思うし、ジャグリンでは普通にソカもかかってたけど、サウンドクラッシュというハードコアで男気溢れる世界では、ソカをかけることは歓迎しないムードがあった。

そのソカをサウンドクラッシュでかけていい流れを作ったのは俺らだと思う。俺らが2000年か2001年のワールドクラッシュで当時ソカの有名曲Iwer George（アイワー・ジョージ）「Carnival Come Back Again」をジャマイカの超人気アーティストのBeenie Man（ビーニ・マン）とコラボさせたダブを流して盛り上げた。そこからサウンドクラッシュでも「ソカをかけてもいいんだ」という認識は広まったし、ソカのアーティストからも俺らはリスペクトを得ることができた感覚があった。

悪口は最大のプロモーション。ヘイトの宿命をプラスに変える

これはCHINが言っていたことだけど、同業者の連中にはMIGHTY CROWNをリスペクトしている奴らが多いけど、胸を張って「俺はCROWNが好きだから」とは言えない雰囲気が

あるみたい。言えばセルアウト扱いされたり、ジャマイカのレゲエシーンから裏切り者扱いされたりするからね。よっぽど自分の実力や立場に自信がある人じゃないと、そんなことは言えなかったし、今でもその空気はまだあると思う。

実際、CHINはワールドクラッシュという大会をどんどん大きくするなかで、アジア人の俺らをフックアップしていたから、業界からのバッシングはすごかった。単純な話、ただの嫉妬なんだけど、2000年頃は業界の9割がCHINと俺らの敵だったと思う。

最初はどちらも称賛してくれる人がいたけど、その当時の新星の日本のサウンドと最強のプロモーターが組んでチームになったら、やっぱり怖くなったんだろうね。ヘイトとラブは紙一重っていうけど、「おまえらマジでヤベぇよ!」って褒めてくれていて仲間だと思っていた人が、コロッと敵に変わったりしていた。

MIGHTY CROWNの正式メンバーになり、俺らの仲間になったNINJAも「ジャマイカ人なのに日本のサウンドに入りやがって」という悪口をたくさん言われてきた。黒人のNINJAにはNINJAの苦労があったし、俺らとは違う戦いを頑張ってきたと思う。

ジャマイカの人気シンガーのTanya Stephens(タニヤ・スティーブンス)と話したときも、面白いエピソードがあった。彼女は2000年代前半に、俺らが出場したサウンドクラッシュを見てMIGHTY CROWNのことを気に入ったらしいんだけど、「MIGHTY CROWNが良かった」と周囲の人たちに話したら「おまえ、日本人の肩を持つんじゃねーよ」みたいなことを言われたらしい。「人種なんて関係ないし、MIGHTY CROWNはイケてるから」って彼女は言っててくれたみたいだけどね。

あとCHINが言っていたのは、「奴らはおまえらを見ていると、鏡に写った自分を見ているような気分になるんだ」って言葉。最初は意味がよくわからなかったんだけど、要するにMIGHTY CROWNは日本人なのにジャマイカ人のサウンドができないことをやっている。「なりたい自分」が鏡に写って見えるということ。そして、ジャマイカの人たちが挑戦したけど上手く実現できなかったことまで実現しちゃってるから、その悔しさがヘイトの気持ちに変わるんだと彼は言っていた。ラブやリスペクトの気持ちは、そうやって簡単に裏返っちゃうものなんだよね。

たとえば大きなイベントで、主催者チームのひとりが「MIGHTY CROWNを呼ぼう」と提案しているのに、「アイツは呼ぶな」と止められるケースはたくさんある。俺らが出ていないとおかしいのに呼ばれないイベントも実際あるからね。

そして、俺らはジャマイカのサウンドシステムにめちゃくちゃ影響を受けてきたから、向こうの人たちが「鏡を見ているような感覚になる」っていうのは、いわば当然のことだと思う。

だからヘイトされるのは宿命だと思っているし、「それだけ成功している証なんだよな」と思うようにしている。「おまえ誰?」って人は、悪口なんて言われないからね。「悪口は最大のプロモーション」っていうけど、実際にプロモーションにもなっていると感じるな。

自己主張をしない＝敗北。自分の自信を態度で示す重要性

ＣＨＩＮからは、サウンドクラッシュに挑むうえでの心構えでも教わったことは多かった。たとえばＣＨＩＮによく言われていたのは、「ジャマイカやカリブのサウンドを相手にするときは、強気にいかないと飲まれるぞ。『リスペクト』とか『ワンラブ』とか言ってるだけじゃ何も通用しないからな」ということ。

自分をあえて小さく見せることや、控えめでいることが美徳とされる日本の文化は、世界ではやっぱり「生ぬるい」んだよね。日本の文化は日本の文化として尊重されるべきだし、俺らは国内外でその態度をうまく使い分けているけど、海外で同じ態度でいたらやっぱり勝てない。そして俺らも「もっと自分への自信を態度で示して、自分たちのことを自慢していこう」というのは心がけるようになった。

今もそうだけど、海外のヒップホップとかレゲエのアーティストはものすごく自己主張をする。あと海外では特に、ムカつくこととか反論したいことがあっても、それを表明しなければその時点で負けなんだよね。主張せず黙っていること＝負けを認めていることになるというのは、海外での活動で学んだことのひとつかな。

自分たちに誇りを持ったうえで、自己主張をすることや、人の意見に反論することも、ときには悪いことじゃない。すごく当たり前のことなんだけど、それは海外で揉まれるなかで身についてきたことだった。

でも、その雰囲気のまま日本に帰ってくると、「MIGHTY CROWNは言い方がキツい」とかもよく言われた。最初は「それは日本人が意見を言わないからだろ！」と思ってたけど、日本と海外でマインドを変えるのはだんだん上手になっていった。

ショーで差別されたら客を味方につけて反撃する

（SAMI-T）

トリニダードのショーでの話。

Massive Bというニューヨークのサウンドとstone Love、MIGHTY CROWNとかが出演したショーだったけど、俺らは5000人くらいいる会場をぶち上げた。「今日は俺らの日だったね」って誰もが認めるような内容だった。

その頃はイベントの音源がカセットになって出回る時代だったんだけど、カセットを聴いて驚いたことがあった。それは、俺らのパートだけ丸々カットされていたことだった。

俺らが会場を盛り上げすぎて、一緒に並んだ他のサウンドの印象が悪くなっちゃうから、外されたんだと思う（笑）。俺らのとこだけ録音し忘れたなんてありえない話だし、誰かが見えないところで政治的な判断をしたんだろうね。

俺らはそういう差別を何回も食らってきた。ジャマイカのデカいショーで、俺らのときだけ音をすごく悪くされたこともあった。音量を小さくして、迫力を薄めようとしてるんだろうけど、バレないようにやろうとしても俺らにはわかるからね。もちろん他に気がついてる人もいたよ。

俺らが会場をブチ上げているのを何度も見てきたからこそ、日本のサウンドの俺らに「持っていかれる」のが怖かったんだと思う。

そうやって差別されるのは許せないことだけど、相手はメンタルゲームを仕掛けてきてるから、どう反応するかは割と考えて動いている。

「なんで俺らだけ音が悪いんだよ！」とイベンターを責めてもいいけど、「このイベントの客の多くは俺らを見に来ている」と思える状況なら、客を味方につけたほうがいい。だから俺はそういうときは、「俺らのときだけ音が悪いってどうなんだよ！」とステージ上で怒りつつ、マイクをバン！と投げ捨てて「もうやらねえぞ」とステージ裏に引っ込んじゃうこともあった。そうすれば客も「おいテメエら、MIGHTY CROWNを見たいからちゃんと音出せよ！」とイベンターに怒ってくれる。俺らのショーを楽しみに来ている客にとっては、イベンターのメンツとかは関係ない話だから。

問題なのはバッドマインドに染まって、悪知恵を働かせる業界側とか陰険なサウンドマン。そういうときに、周囲にわかる形でしっかり主張するのは大切だと俺は思う。言わなかったら損して終わりだからね。

「ノー・ニュー・フレンド」嘘や裏切りで傷つかないための心得

海外で活動するなかでは、自分たちの目の前で、露骨な裏切りを目にすることもあった。日本で生まれ育ってきた俺らはやっぱり驚くことが多かったし、最初は信じられなかったよね。ＣＨＩＮと話していて、「アイツはいろいろと俺らに世話をやいてくれたし、超いい奴なんだよ」「いやいや、あいつは上辺だけだよ」って教えられることもあったし、俺らも段々と最初の印象で人を信用しないほうがいいなとわかってきた。

忖度の世界で生きている日本と違って、海外では油断してると相手に利用されるし、利用されたときの被害が日本の何十倍も大きい。ヒップホップやレゲエ、ダンスホールの曲では「フェイク・フレンズ」「フレンド・エネミー」というワードがよく出てくるけど、その感覚を肌で学んできた。

そして、協力者が現れたとしても、そいつらが協力してくれるのは「自分にメリットがあるから」。「友だちだから」なんて感覚で動いてくれる人はほとんどいない。だから俺らも「ノー・ニュー・フレンド」の感覚で周囲を警戒するようになっていた。「ノー・ニューフレンド」っていうのは人をすぐ信用するな、新しい友だちを簡単に作るなという意味。日本で暮らしている人にはわかりづらい感覚だよね。

でも、俺たちが有名になってからもフェイク・フレンズやフレンド・エネミーは現れた。スタジオやクラブに行っても、目の前では調子の良いこと言ってても、裏では「あいつら潰せ」って言うような奴もいた。最初はそういう話にショックを受けていたけど、サウンドクラッシュの世界ではそういうのは日常だから、嘘や裏切りに傷ついていたら活動なんて続けられないんだよね。

6章 日本に「本物」を広めるために

レゲエ祭とクラッシュは完全に別競技。マインドの切り替えが大事

90年代の俺らはサウンドの世界一を決めるワールドクラッシュで優勝した一方で、日本では日本のサウンドとクラッシュで戦い、日本での立場を確固たるものにしてきた。そして後の章で詳しく説明するように、俺らの主催する横浜レゲエ祭は室内の150人規模からスタートして、それが倍々ゲームで増えていき、野外で1万人、2万人、3万人集客するイベントに成長させてきた。

そのなかで俺らが「本物のサウンド」「本物のダンスホール」「本物のレゲエ」をどう伝えてきたのか、それを伝えるうえで何を意識していたのかを書いてみたい。

まず言えるのは、「海外で身につけたものを日本にそのまま持ち込んでも通用しない」ということ。「これニューヨークの最先端のダンスホールだから」「この曲はジャマイカで今いちばんイケてるから」と言っても、多くの日本人は「へぇ、そうなんだ」で終わり。日本はレゲエやダンスホールが生活の一部にないからね。

ジャマイカなんかは外に出たらすぐ音楽が聴こえるし、生活と音楽の距離が近い。でも日本で音楽は自分で探しに行かないと接することができないもの。だからこそ、伝え方を考える必要があった。

そして俺らは「国内と海外でマインドを切り替えること」も大事にしていた。海外ではゴリゴリにハードコアなサウンドクラッシュを続ける一方で、日本ではレゲエがどんどんメジャーなものに変わっていってたから、別の競技を戦う感覚で気持ちを切り替える必要があった。3万人が集まる横浜レゲエ祭を毎年8月頃に開催し、ワールドクラッシュは4月と10月にやって……という年が何年か続いたときは、レゲエ祭からクラッシュに頭を切り替えるのが難しかった。使う言語も変わるし、お客さんもまったく違ったからね。

もちろんお客さんの中には、「海外のワールドクラッシュみたいなゴリゴリのスタイルを見たい」という人もいる。その気持はわかる。本場のダンスホールに衝撃を受けたばかりの俺らもそういう気持ちだったから。でもそういう時期の人間って、いわゆる「現地かぶれ」「自称ハードコア」なんだよね。

俺らは世界で活動をするなかで考え方も変わってきたし、「日本でレゲエやダンスホールを広めて、市民権のある音楽にしたい」というミッションを持つようになった。コアな部分を知ってもらうには、何度も同じ曲、定番の曲をかけ続けて、時間をしっかりかけて定着させることが大事、っていうことも学んだかな。

日本のレゲエ黎明期、パトワと日本語との二刀流MCを考案

サウンドの世界で、日本語のMCを定着させるのはとても難しかった。90年代前半まで、日本のサウンドの大半は、日本でサウンドクラッシュやジャグリンをするときもパトワでMCをしてたからね。

正確に書くと、パトワでというか、Stone Loveのローリーとかの喋り方を真似してただけだと思う。初期の俺らもそうだったけど、今考えるとダサいし不思議な光景だった。英語は喋れないのにパトワが喋れるサウンドマンもいたからね（笑）。当時からレゲエの歌は日本語だったけど、MCは向こうの言葉で喋るのがかっこよくて粋みたいな感じだったんだろうね。向こうのパトワのMCのノリを聞いちゃうと、日本語って何かハマりが悪いし、かっこよく聞こえない。それは自分たちも悩んでいたことだった。

でも94年頃から、「日本でやるからには日本語で喋らないと伝わることも伝わらないよな」と感じるようになった。日本のお客さんにパトワで喋って、それがかっこいいと思ってるのって、ただのセンズリみたいなもの（笑）。「本場っぽい」ことで満足してたら、やっぱりダメだと思った。「俺らがやれば日本語でもかっこよく聴こえる」という自信があったし、試行錯誤しながら英語を

うまく織り交ぜることでグルーヴを生み出す方法を見つけられたと思う。

海外ではパトワを喋れないと通用しない。一方、日本ではパトワを喋ってもダメで、日本語じゃないと伝わらない。じゃあどうすべきかというと、二刀流でどっちも磨くということ。その必要性は、日本とアメリカを行き来するなかで感じたことだった。

最初は違和感があったけど、それでも俺らは「手を上げろ！」みたいなMCを日本でかなり早くから言いはじめていた。どうしたらかっこよく言えるか考えて、かなりかっこつけて言ってたな。でも他のサウンドより実際にかっこよかったと思う（笑）。

「パトワのこのフレーズを日本語で何て言おうか」みたいな話は、別に時間を作って会議をしたわけじゃない。日常でつるんでるなかでも、イベントの前後も、俺らはサウンドの話ばかりしてたから。イベント前の打ち合わせはもちろん、終わったら「あそこは少し違ったかな」「次はこうしよう」みたいな話をみんながはじめる。その習慣はもう30年ずっと続いてるね。

ウィードはジャマイカでは酒感覚。でも日本ではフィルターが必要

日本語のMCを上手くできる人がいなかったのは、曲の内容を理解していない人が多かったのも

あるし、ダンスホールの言葉が直球で生々しすぎて、それを上手く訳せない人が多かったのもあると思う。直訳すると日本人の9割はドン引きするような内容だから。

日本人がめちゃくちゃ盛り上がってるけど、「これドラッグの曲だよ？」みたいなことは普通にある。ウィード（大麻）に至ってはジャマイカでは酒みたいな日常のものだから、向こうの曲ではごく普通に出てくる。嗜好品としての使用がＯＫの国と、そうではない日本とでは、言葉への距離感が違うよね。

だから、いわゆる〝ガンジャチューン〟を日本でかけるときは、多くの人たちに伝えるために、俺らは伝え方にフィルターをかけることを心がけるようになった。

あと、この話題をするときに伝えておきたいこともある。俺らは横浜スタジアムで横浜レゲエ祭を開催してきたように、日本では巨大なイベントの主催者でもあった。だからこそイベント会場では「日本でダメなものは絶対にダメ」という呼びかけは徹底していた。裏方も含めて本当に多くの人が絡んでいるイベントだし、レゲエ祭が野外に出て1万人規模のイベントになった時点で私服警官もいたみたいだけど、逮捕者は出たことがない。

ジャマイカでは日常のものでも、「日本ではそのイメージは良くないよな」とは俺らも思っていた。もし楽屋で吸うような奴がいたら、先輩だろうと誰だろうとブチ切れてたと思う。それがイベント主催者としての俺のスタンスだった。ただ、他の場所で何をしようとその人の自由だし、俺に強制する権利もない、って感じかな。

レゲエ発の文化「タオル回し」を日本に広める

レゲエやダンスホールの言葉をそのままの形で伝えるのはかなり難しい。やっぱり本場のジャマイカやアメリカと日本とではカルチャーが違いすぎるから。

たとえば「Lighter!」って言葉。めちゃくちゃいい曲がかかって、フロアが盛り上がったときにそう叫ぶと、90年代～2000年代前半くらいまでの海外のお客さんは、手を高く掲げてライターをつけてくれたんだよね。パトワでは本当に「Lighter!」って叫ぶだけだけど、日本ではそれじゃ伝わらないから、俺らは当時「ライターつけろ！」って言っていた。

でも、クラブでライターをつけるのはどんどん禁止になっていった。消防法の問題で「危ないから」と大きめなハコが禁止にすると、ほかもどんどん禁止に。そこからは画面を光らせたスマホを掲げる形に変えていった。

あと、俺らの周辺が日本の音楽シーンで流行らせたと言えるのは、タオル回しの文化。今や野球の試合でもアイドルのライブでもタオル回しをしてるけど、あの文化はもともとカリブのソカとかのジャンルで2000年頃に流行ったものなんだよね。ソカの曲ではMCで「wave your flag!」って煽ることも多かった。

それが日本で多くの人に広まったのは2003年の横浜レゲエ祭。MIGHTY CROWNがプロデュースに加わったFIRE BALLの『BRING IT ON』（2002年）っていう曲が、いわ

八景島シーパラダイスで行われた横浜レゲエ祭2003。1万人の前でタオルを回すFIRE BALL

横浜レゲエ祭のグッズ

ゆるタオル回しソング。横浜レゲエ祭で『BRING IT ON』に合わせて観客みんなでタオル回しをしたのが、どんどんほかのジャンルにも浸透していったんだよね。レゲエのアーティストはみんなグッズでタオルを作るようになったし、俺らを含めてタオルはめちゃくちゃ売れてたと思うよ。

ジャパニーズ・レゲエかJ-POPか。湘南乃風やケツメイシとの関係

「本物のレゲエを広める」という話になったとき、「J-POPシーンで活躍するレゲエ系のアーティストのことをどう思っているのか？」と気になる人はいると思う。

俺らが数万人の規模で横浜レゲエ祭を開催していた2010年前後は、いわゆる「レゲエ風J-POP」が増えていた時期だった。その風潮に対しては、「レゲエを日本に広めるためには必要」という声もあったけど、「あんなの全然レゲエじゃねえよ」「レゲエを名乗らず最初からJ-POPって言えばいいじゃん」って声は、全国のレゲエ関係者の中にも俺らの中にもあった。

たとえば、レゲエの流れをくむJ-POPのアーティストとして有名な湘南乃風について。湘南乃風は大きくなりはじめた頃の横浜レゲエ祭に出演してもらったことはあったけど、彼らのスタイルがJ-POP路線になってからは、リンクすることはまったくなくなった。

当時は俺も尖ってたし、横浜レゲエ祭のステージで3万人のお客さんを前に、「あれはレゲエじ

ゃない」みたいに煽ったこともあった。レゲエ祭を大きくするなかで、「ジャパニーズ・レゲエのシーンを全国の仲間と作る」みたいなイケイケなムードがあったからね。「そんなこと言って大丈夫?」って心配されたけど、それが当時の俺の本音だったし、嘘は何も言ってなかった。

特に湘南乃風は、メディアのインタビューで「俺らは上を目指してるんで」みたいな発言をしていたから、実際にヒットを飛ばしたときは「これがレゲエだと一般の人に認識されちゃうの?」という思いがあった。でも、俺がわざわざ湘南乃風に言及したのは、日本とジャマイカのレゲエがかけ離れすぎてしまうことを心配したのと、そのくらい彼らの人気と知名度がすごくて、その影響が一般層に間違った形で届くのを心配してたからだった。

いま考えると、音楽性の好みは置いておいて、彼らは日本のレゲエシーンに対してひとつの大きな役割を果たしていたと思う。湘南乃風からレゲエに興味を持って、どんどん深掘りするなかで俺らにたどり着いた人たちもいたからね。俺らには俺らの役割があったし、湘南には湘南の役割があったって感じかな。

そして実は仲が悪いわけでもない。メンバーのHAN-KUNは、むしろ仲がいい。つい最近も一緒に飲みに行ったし、本当にレゲエが好きなのが伝わってくるいい奴なんだよね。HAN-KUNはいわゆるジャパニーズ・レゲエのイベントでもソロで呼ばれるくらいだから。メンバーそれぞれで音楽に対する考え方は違うし、それはMIGHTY CROWNも一緒だからね。

そして湘南乃風の連中は律儀な奴らだった。彼らのライブをきっかけにタオル回しがいろんなジャンルで流行した後も、テレビで取材を受けたときは「日本で最初に流行らせたのは俺らじゃなくてＦＩＲＥ ＢＡＬＬです」と言ってくれていた。

　俺もストレートにいろんなことを言ったけど、いまお互いのグループがどこかで一緒になったら、普通に乾杯するし、時を経ていろんなことを話したいとも思ってる。

　ちなみにレゲエをルーツにしたアーティストで、２０００年代前半にブレイクしたケツメイシも、メンバーの大蔵とは仲がいい。まだブレイクする前、俺の同級生がやっているバーに出入りしている頃からの知り合いで、彼は東京に住んでいるけど、横浜に来たときはいつも俺らのホームといえるミュージック・バー「Irie Bar」に顔を出してくれている。

日本では「夏フェスセット」を用意するワケ

　俺らはロック中心の夏フェスにも何度も出てきたし、そこでは「目の前のお客さんを楽しませること」を第一に考えて、ベタなレゲエの曲もかけてきた。その選曲にはいろんな意見があると思うけど、そういうスタイルで夏フェスに出ているのは、世界で活動するなかで痛い失敗を何度もしてきたからなんだよね。

　前の章でＳＡＭＩーが書いていたマイアミのイベントが典型だけど、サウンドクラッシュで世界一になった俺らが、そのゴリゴリのスタイルでイベントに出ると、やっぱり大ゴケすることが何度もあった。そういう経験を重ね、「コアなファンの意見ももちろん大事だけど、それを絶対視してはいけない」と思うようになった。

まず考えなきゃいけないのは、目の前のお客さん。その人たちはお金を払って俺らのパフォーマンスを見ているし、俺らはそれで食べているプロだからね。だから、目の前のお客さんを楽しませられなかったら、プロとして失格。ジャマイカの最先端の曲をかけて、100人にひとりのお客さんだけ大喜びさせててもダメなんだよね。

そして、お客さんの数が多いイベントほど、やっぱり王道でベタな選曲が求められる。そうやってお客さんの層を考えながら、どんな場でも盛り上げるスキルも、俺らが世界で戦うなかで身につけてきたことだった。

だからどんなイベントでも、選曲は常に真剣。あえて何も決めないときもあれば本番ギリギリまで考えるときもある。終わってからも反省会をする。SAMIとは本気でバトって議論することが多いから、俺らを知らない人が見たら喧嘩してるように見えるだろうね。SAMIは本番前に「これをかけよう」って決めた曲でも、自分が納得できてないとかけないときもあるから（笑）。

そもそもの話だけど、90年代のサウンドは、いわゆるフェスみたいな大型のステージでパフォーマンスをすることがなかった。クラブとか比較的小さなホールが主な活動の場だったからね。それがワールドクラッシュが2000年ごろから大きなステージ上で行われるようになって、俺らも大きなステージでの技術を身につけはじめた。そして夏フェスのようなイベントになると、クラブとはまったく異なるステージショーの技術が求められる。やってることがぜんぜん違うっていう感覚はあるね。

AIR JAM 東北2012

男鹿ナマハゲロックフェスティバル2019

日本にルーツ、ダブのシーンを根付かせる（COJIE）

日本はダンスホールレゲエは盛んだけど、ルーツやダブに関しては、イギリスやヨーロッパと比較するとまだまだアンダーグラウンドでシーンと言えるほどではない。
SCORCHER HI - FI（スコーチャー・ハイファイ）というルーツ＆ダブのサウンドシステムを結成して、俺がセレクターでSTICKOがMC兼エンジニアとして『STEPPAS' DELIGHT』というルーツ／ダブに特化したイベントを10年間続けてる。サウンドシステムのオリジナルスタイルを追求してターンテーブル一台で、ルーツミュージックやダブミュージック、ステッパーズの新譜、旧譜、ダブプレートを一曲一曲じっくりかけるスタイル。一見シンプルに見えるけどすごく奥深い世界。あの緊張感がたまらなくいい。現在は関内のライブハウス『Yokohama B.B.street』にサウンドシステムを入れて隔月で開催している。

そして2018年からは『TOKYO DUB ATTACK』というサウンドシステムイベントをBim One Productionsと共同ではじめた。イギリスで開催されてる『University Of Dub』のようなイベントを参考にした、毎回2、3のサウンドシステムを入れてルーツ、ダブを中心にベースミュージック全般を楽しむイベント。コロナ前は毎年開催してきたけど、これからもサウンドシステムの魅力、サウンドシステムカルチャーをもっと広めたいと思ってる。

7章

奥深い「ルーツ」「ダブ」の世界

イギリスで独自の発展を遂げたルーツ、ダブの面白さ

（COJIE）

レゲエにハマり、ジャマイカによく行っていた俺は、途中からイギリスやヨーロッパの音楽への興味が大きくなっていった。

そしてイギリスで独自の発展を遂げた「ルーツ」「ダブ」と呼ばれるジャンルにハマり、2013年から『STEPPAS' DELIGHT』を本格的にはじめた。SCORCHER HI-FI RECORDSというレコードレーベルの運営をはじめて、ヨーロッパの若手を中心にリリースしてきた。

ルーツというのはボブ・マーリーに代表される「ルーツロックレゲエ」の略称で、スカやロックステディの後、70年代初期に発展したメッセージ性の強いレゲエのひとつのジャンル。このルーツロックレゲエは、イギリスでは独自に発展して「UK ROOTS」などとも呼ばれる。

対するダブも、レゲエから派生したサブジャンルで、King Tubby（キング・タビー）というエンジニアが発明したと言われている。楽曲のリズムを強調してミキシングしたり、エコーやリバーブなどのエフェクトを過剰に施したりする手法は「DUBWISE（ダブワイズ）」と呼ばれ、「リミックス」の元祖のような存在。この手法はレゲエ以外の様々なジャンルにも影響を与えている。

ちなみにイギリスでルーツ、ダブが独自の発展を遂げたのは、早くからジャマイカ移民が多か

ロンドンでもっとも有名なダブスタジオMusic Houseにて、今は亡きジャー・シャカに遭遇 。
中央は信頼していた今は亡きダブカッターのレオン。とても思い出深いスタジオ

ったこととも関係がある。その代表的アーティスト／サウンドシステムのJah Shaka（ジャー・シャカ）は8歳でイギリスに渡り、60年代後半から活動をはじめている。70年代後半にはSir Coxsone Sound（コクソン）、Fatman（ファットマン）とともにUKの3大サウンドシステムと言われるようになった。

イギリス以外では、フランスなどのヨーロッパ諸国、最近は南米でも盛り上がりを見せている。特にフランスは熱い。プロデューサーやサウンドシステムも多いし、「DUB CAMP」というルーツ、ダブに特化したフェスティバルも開催されている。うらやましい環境で、日本のシーンと比べると盛り上がりは段違いだね。

そのほか、メキシコ、ブラジルなどの中南米でも人気があって、ヨーロッパのトップサウンドが中南米ツアーに行くことも多くなっている。

ルーツは「レゲエの良い要素」が詰まった音楽

（COJIE）

ドラムとベースを基本としたルーツは、レゲエのいちばんいい要素が詰まった音楽ジャンルだと思う。そして、イギリスやヨーロッパのルーツ、ダブの楽曲は、本国ジャマイカの制作手法や伝統をしっかり継承していると思う。

２００６年にロンドンで体験したジャー・シャカのセッションは、久しぶりに大きな衝撃を受けた体験だった。ひとりでセレクター／ＭＣ／オペレーター／シンガーとすべての役をこなすスタイルも、そのスピリチュアルなヴァイブスとメッセージ、サウンドシステム、すべてが新鮮で、完全に引き込まれる感覚だった。ターンテーブル一台で表現する「サウンドシステムの原型」といえるスタイルや雰囲気も含めて、はじめてニューヨークやジャマイカで体感したサウンドシステム、ダンスとはまた違う衝撃を受けた。

これが自分の音楽活動の中でもひとつの大きなターニングポイントになったと思う。そしてその後、ジャー・シャカの来日公演でオープニングをすることになったのは、すごく嬉しいことだった。

たくさんのサウンドシステムが集まる英国の巨大ストリートフェス「ノッティングヒル・カーニバル」

（ＣＯＪＩＥ）

イギリスはサウンドシステムの数自体がめちゃくちゃ多いし、そのカルチャーが根付いてる。

そんなイギリスのサウンドシステムカルチャーの面白さを体験するのに最高なのが、毎年8月末に開催される「Notting Hill Carnival（ノッティングヒル・カーニバル）」。ヨーロッパでも1、2の規模を争うストリートフェスティバルで、街中にサウンドシステムを出して、レゲエに限らずヒップホップ、ソウル、カリプソ、ソカ、いろんな音楽を流しているんだよね。世界中からいろんな人種が集まってきているのも面白いところ。

こんなイベントが開催できる環境がすごく羨ましく思うし、サウンドシステムカルチャーが強く根付いているのがわかるんだよね。それぞれのサウンドシステムが独自の機材やスピーカーを使っていて、ひとつひとつが個性的で面白いのも見どころ。

そのほかイギリスに行ったときに必ず立ち寄る場所は、ロンドン南部のブリクストン。ジャマイカンコミュニティーがあるこのエリアは、ニューヨークでいうブルックリンみたいな場所で、レコード屋もいまだに残っている。Dub Vendor（ダブ・ヴェンダー）、Lion Vibes（ライオン・ヴァイブス）、Supertone Records（スーパートーン・レコーズ）、Peckings Records（ペッキングス・レコーズ）など。以前はスーパートーンの上にスタジオがあって、そこでは今は亡きAlton Ellis（アルトン・エリス）とかのダブを録った思い出がある。

イギリスやヨーロッパには今でもレコード好きな人やコレクターが多いし、熱狂的なファンがいて、面白いシーンがある。伝統的なサウンドシステムカルチャーを熱心に受け継いでいるのは、ジャマイカ以外のこういう国なのかもしれないね。

2014年のノッティングヒル・カーニバル。ロンドンのベテランサウンドGladdy Waxのサウンドシステム。
この歪なスピーカーがなんともいい

フィリピン、シンガポール、韓国で見てきたレゲエカルチャー

（COJIE）

はじめてフィリピンに行ったのは２０１３年で、その後はボラカイ島という離島のビーチでもプレイした。当時は、PAPA U-Geeや日本人のサウンドBIG ANSWER SOUNDが住んでいたこともあって、ＩＲＩＥ ＳＵＮＤＡＹ（アイリー・サンデー）というレゲエのイベントに呼んでもらう機会があった。このイベントを主催するのはフィリピンを代表するサウンドRED-I SOUND。現在はサウンドシステムを所有しレコードレーベルも運営している。

シンガポールには２回呼ばれて、１回目は２０１５年にMasia Oneっていうラッパーが主催する「Singapura Dub Club」というイベントに出演した。翌年はＳＴＩＣＫＯとSCORCHER HI-FIとしてNeon Lights Festivalに呼ばれて、イギリスのプロデューサーMad Professor（マッド・プロフェッサー）ともセッションをした。

韓国は２０１４年に梨泰院のCakeshop Clubっていうクラブでプレイした。確かカナダ人のプロモーターからの誘いで、なぜかThursday Clubという木曜日のイベント。Smiley Songっていう韓国人のセレクター／プロデューサーとセッションした。韓国は当時はレゲエよりヒップホップのほうが人気な印象。Cakeshopは様々なジャンルのアンダーグラウンドなアーティストを呼んでいて渋

Ariwaレーベルを運営するイギリスのプロデューサー Mad Professor & Aishaと東京でセッション

いクラブだった。

あと2013年は上海のShelter Club、北京のDADAで中国在住のヨーロッパ人アーティストとルーツ／ダブセッションをした。お客さんもヨーロッパ系の人が多くて、中国って感じがしなかった。上海、北京両方とも予想してたよりずっとヴァイブスが良くて楽しかった印象がある。

8章

横浜、LA、NY発キングストン行き

レゲエが苦手だったパンクキッズ時代

ここでは俺らとレゲエ、サウンドシステムとの出会いから、1999年に世界チャンピオンになるまでの過程を書いてみたい。

俺がまず音楽でハマったのはパンクだった。中3〜高1くらいの時期だから、86年〜88年ぐらい。バンドをやっていて、当時はアンダーグラウンドのハードコアパンクシーンが盛り上がっていた。

周りの連中はモヒカンやスパイクヘアで、スタッズを打ち込んだライダースを着たりしていた。でも俺はスケボーのカルチャーからパンクに入ったから、ファッションもスケーターっぽい感じで、周りのスケボー仲間と一緒にパンクをやっていた。

ハードコアの衝撃はすごかった。当時ライブを観に行っていたのはガーゼとか嘔吐とかリップクリームっていうバンド。あと地元の横浜にはSYSTEMATIC DEATHってバンドがいて、メンバーとすごく仲良くさせてもらって、家にも出入りしていた。14歳の頃だから、最年少だったんじゃないかな。

そんなガキが「ピンポーン」って鳴らして部屋に入ってくるから、「またおまえか。うちはコンビニじゃねえんだよ」とか言われていた。俺はアメリカンスクールに通う生意気なガキだったけど、「口の利き方わかってないな」と言われつつ、珍しい存在だから可愛がってもらっていた。

ライブは都内だと目黒の鹿鳴館とか、横浜の7th AVENUEってライブハウスに行っていた。

強烈に覚えているのが、横浜の青少年センターを貸し切ってハードコアのイベントが開催されたとき、会場がパンクスばかりで青少年なんてどこにもいなかったこと（笑）。桜木町駅を降りた瞬間にパンクスだらけで、坂を登って会場に行く途中もパンクスだらけ。歩く人みんなにメンチ切られるみたいな感じで、あれは今思い返してもヤバかった。

そしてレゲエとの出会いは、ハードコアのシーンに出入りしたことで生まれたものだった。真夏の暑い日にSYSTEMATIC DEATHのボーカルのシゲルくんの家に行ったとき、メンバー数人がエアコンもない6畳くらいの狭い部屋で扇風機で涼んでいた。アナログで曲を聴いてたんだけど、そこで誰かがいきなりボブ・マーリーを流したんだよ。

今でも覚えてるよ。♪ツッチャン、ツッチャンってレゲエのリズムが聴こえてきたんだけど、自分はハードコアの超早いリズムに染まってたから、それがもうダメだった（笑）。「何この音楽！遅いよ！」って言ったら、「おまえ本当にわかっていないな。夏はこういうレゲエを聴くのがかっこいいんだよ。パンクやってるならそれぐらい知っとけ」って言われたんだよね。

すぐにレゲエにハマったわけじゃなかったけど、パンクとレゲエの接点が多いことには徐々に気づいていった。CLASHがレゲエの曲をやってたのも後から知って、その原曲を聴いて「あれ、これCLASHの曲じゃん！」「いやいや、こっちが原曲なんだよ」って教わったこともあった。SEX PISTOLSもツアー中はずっとレゲエをかけてたっていうし、ボーカルのジョニー・ロットンは、かなり早い段階でジャマイカに行ってたしね。イギリスでパンクとレゲエがつながってたから、日本でもふたつの音楽につながりがあったんだと思う。

PISTOLSやCLASHはもちろん聴いていたし、The Exploited（ジ・エクスプロイテッド）とかGBHとかも聴いていた。でもよく聴いてたのはUSばっか。MINOR THREAT（マイナー・スレット）とか、Operation Ivy（オペレーション・アイヴィー）、あと7 SECONDSみたいなUSパンクだね。

自分がやってたバンドは実は音源も残ってて、いま調べたらサブスクでも聴けるのがあるみたい。バンドの名前は……ヤング・フランケンシュタインズ。改めて書くだけで恥ずかしいな（笑）。

俺はメンバーでいちばん年下でベース担当。もう下手すぎて、聴き返すのも恥ずかしい。ボーカルは同じアメリカンスクールに行っていた同級生のKENで、PUNK NINJA BRIGADEってバンドで活動中。のちにSUPER STUPIDで活動する大高知晃（大高ジャッキー）もいた。俺は作曲もできないし楽譜も読めないから、「はい、これ次までにベースライン考えておいて」って渡された音源を必死に聴いて弾いてただけ。最後は喧嘩してムカついて抜けた（笑）。

ヒップホップを経てレゲエへ

その1、2年の濃密なパンク時代を経て、俺はレゲエ……には行かずに、今度はヒップホップにハマった。ヒップホップは卒業することなく今もずっと聴いてるね。仲間に聴いている人が多くて、ヒップホップにどっぷりハマってたのは88年から90年くらい。

その時期も一応活動はしていた。俺とSAMIがMCで、別にDJもいた。ユニットの名前は、これまた恥ずかしいけどイエロー・ポッシー（笑）。俺らは黒人じゃなくて黄色人種だから、ってつけた名前。

活動といっても、ライブをやったのは1回くらい。曲もコピーでオリジナルはなかった。当時ハマってたのはN.W.AやThe Public Enemy、Eric B. & Rakim、Run-D.M.C.とか。その頃はDe La Soulも来日したり、ヒップホップ全体が熱かった時代だと思う。

そして俺はレゲエにはまだピンときてなかった。同級生が本牧のZEMAっていうレゲエバーによく行ってて、俺も一緒に行ってはいたけど、自分で聴いてるのはヒップホップだった。

あと覚えているのは修学旅行で沖縄にいったとき。海辺にラジカセを持ち出して音楽を聴いているとき、俺はN.W.Aをかけてたんだけど、のちに一緒にジャマイカに行った同級生のトク（Chucky Smart）が「海に来たなら聴くのはこういうのでしょ」ってウェイン・ワンダーやレゲエシンガーの曲をかけた。

やっぱりレゲエのリズムが遅かったから「これもいいけどさ……」って感じだったけど、以前よりかっこよく思えるようになっていた。そこから徐々に遊びに行くのもヒップホップのクラブからレゲエバーに変わっていった。そして横浜のストリートで遊んでいた連中がみんなレゲエにハマりだした。

入り口はメンバーそれぞれで違っていて、SAMIはボブ・マーリーにも衝撃を受けていた。俺が影響を受けたのはダンスホール・レゲエDJのSuper Cat（スーパーキャット）とかYellowman

学園祭でラップするSIMONとSAMI

（イエローマン）、Ninjaman（ニンジャマン）、Shabba Ranksあたり。ピンときたというより「何なのこれ!?」って驚いたのが大きかったかな。

Super Catを聴いたのは90年とか91年くらいだったと思うけど、そこからどっぷりずっとレゲエ。まさかこの世界に30年以上いるなんて当時は思わなかった。

横浜のBANANA SIZEほか、サウンドシステムの先駆者たち

レゲエにハマっていくなかで、サウンドシステムという存在の面白さに触れたのは、横浜の先輩を通じてだった。横浜にはBANANA SIZEっていうボス的な存在のサウンドがいた。そのリーダー的な存在の樋口さん（ひぐりん）が、本牧のＺＥＭＡというレゲエバーをやっていたから、俺らは高校生のときにそこに出入りしながら教わった。

ちなみに日本でレゲエの文化がいちばん活発で、プレイヤー人口も多いのは東京と大阪。横浜はその下の存在だった。でも、BANANA SIZEのようなサウンドはいたし、俺らみたいな活動をはじめたばかりのクルーもいくつかあった。

俺らが明確にクルーとして活動していくことを意識したのは、俺が17歳でＬＡに留学してから。

正式に結成するのは俺が18になった年だから、91年の春。明確に「この日」というのはないんだけど、「MIGHTY CROWNとして活動をはじめる」という話をして、みんなが「よし、やろうぜ」という感じだった。

それで91年の夏にはイベントをやった。横浜の寿町の端っこにジーン・ジニーっていうライブハウスがあって、そこで主催イベントをやったこともあったし、本牧のPLANETでもイベントをやった。まだサウンドは持っていなくて、ターンテーブルとかを持ち込んでいた。横浜市の中区が俺らの地元で、中華街、山下町、本牧、関内、山下公園あたりが自分たちの活動エリアだった。

BANANA SIZEのやっていたZEMAが潰れたあとは、新山下の今はドン・キホーテがある場所にあったクロスロード（CR）って店にみんなで移った。レゲエバーと名乗ってはいなかったけど、俺らみたいな10代のガキがみんなそこに集まっていた。50人入ったらパンパンみたいな小さな店だったね。俺らはみんなスケーターだったから、山下公園でスケボーしてそこに流れるみたいな感じだった。

BANANA SIZEはメンバーが多いクルーで、キーとなるのはPAPA U-Gee、Jr.Dee、Sugar-K、マサヤくん、北中さん、MASA IRIEといった面々。MASA IRIEは後に横浜レゲエ祭も手伝ってくれて、CLUB 24から1000人バコに移るときもすごく力になってくれた。そしてMASA IRIEがやっている関内のミュージック・バー「Irie Bar」は、今も俺らのホームといえる場所。年齢は2個上で先輩だけど、もう年齢関係なく仲間のひとりっていう意識だね。

1993年、本牧PLANETで行われたダンスの手書きフライヤー

初期MIGHTY CROWNは「みんなで歌うグループ」だった

初期のMIGHTY CROWNはメンバーも今と違ったし、個々の役割も違った。実は91〜94年くらいまでは「みんなで歌うグループ」だったんだよね。俺はDeeJayでラップしたり歌ったりしていたし、SAMIも、初期メンバーだったFIRE BALLの奴らも同じだった。

MIGHTY CROWNの初期メンバーは、俺とSAMIにFIRE BALLのSUPER CRISS、その兄貴のJEFF IRIE、あとJUN4SHOTにSTICKO。ほかにもドイツ人とのミックスのCHANGEMANもメンバーにいたけど、このあたりのメンツが核となっていた。

ちなみにJUN4SHOTは俺とSAMIのいとこで、ほかの5人は学校が同じ。俺とJEFF IRIEがタメで、結成したときは18歳。SAMIとSTICKOが16歳で、CRISSとJUN4SHOTが15歳か14歳だったのかな？ MIGHTY CROWNでの役割は、JEFF IRIEがセレクターで、他の5人は歌っていた。SAMIは最初からセレクターをやりたかったみたいだけど、年下だからやらせてもらえない感じだった（笑）。

MIGHTY CROWNとFIRE BALLは今は別のグループだけど、「ファミリー」や

90年代後半、NYにて（STICKO、COJIE、SAMI、SIMON）

「兄弟」と呼べるような存在。音楽活動以外の日常でもずっとツルんできた仲間でもある。

LAとNYに留学。危険エリアで過ごした修行時代

ここからは海外を拠点に生活していた時代のことも書いていこうと思う。

90年代の初頭、俺はロサンゼルスに留学していて、COJIEやSAMIはニューヨークに留学していた。

ニューヨークはブルックリン、クイーンズ、ブロンクスと、いろんなエリアにカリビアンが移住していて、コミュニティーがとにかく大きかった。サウンドクラッシュも頻繁に行われていて、当時活躍していたサウンドはニューヨークに多かったし、アメリカやジャマイカのトップサウンドが集まるイベントも毎月のようにあった。ニューヨークはイケてるサウンドが集まる聖地で、俺らのアメリカのホームだった。いまでも俺らのセカンドホームだね。

俺の留学したLAにもカリビアンコミュニティーがあったはあったけど、ニューヨークと比べると圧倒的に小さかった。レコード屋も少なかったし、曲の流行が生まれる東海岸から情報が伝わってくるのにもタイムラグがあった。今みたいにネットで音源を聴けないし、聴くにはレコードを送

ってもらう必要があった。アメリカのサウンドカルチャーの中心がニューヨークにあるのは今も同じだね。

　俺がＬＡに住みはじめたのは大学に通うためだけど、もうレゲエに惚れ込んでたから、休みのときにはＳＡＭＩやＣＯＪＩＥのいるニューヨークに遊びに行ってたし、ジャマイカに行くときもほぼ毎回ニューヨークに立ち寄っていた。

　ＬＡに住んでたのは５年くらいで、17歳から22、３歳までいたのかな。

いろんなアパートを転々とした。危険なエリアには住んでなかったけど、それでも強盗に遭ったことはある。セキュリティーのないアパートに住んでたから、夜中に拳銃を持った強盗がやってきて、頭を殴られていろいろ持っていかれたこともある。大学では単位をうまいこと取って卒業した。

　ＬＡで俺がよく出入りしていたのはクレンショー（サウスＬＡ）のレコード屋。アジア人の客は俺くらいしかいなかったから、店員とも顔見知りになって、「このレコード入ってきたら教えて」なんて頼んでたな。

　ちなみに当時のＬＡはbloods（ブラッズ）とcrips（クリップス）というギャングの抗争が活発なときで、サウス・セントラルは特にスーパー危ないエリア。でも俺が魅力に感じるダンスのイベントは、クレンショーとかにあるから、そこに足を運ばざるを得ないんだよね。

　サンタモニカでやっているレゲエのパーティーなんかは全然面白くなかった。ほかにも、当時は何者でもなかった自分からしても、「なんだへタクソだな。こんな場所にいたくない」と思ったパーティーもあった。それと比べるとサウスＬＡのパーティーは面白かったし、刺激もめちゃくちゃ受けた。
俺もバカだったから、かっこいいと思って真っ赤なローライダーに乗ったりしてて、アジア人がそんな車に乗ってよく目をつけられなかったと思う。安物のオンボロなんだけどね。

でもダンスのイベントで絡まれるのはしょっちゅう。「おまえみたいなのがなんで黒人街に来てんだよ」って言われたこともあった。イベントは深夜だから、その行き帰りは本当に怖かった。

ひとつ選択が違ったら死んでた可能性もあった。サウス・セントラルの危ないエリアで開催されたダンスのイベントで、たしかニューヨークから来たサウンドが出演する予定だったのかな。とにかく行きたかったんだけど、その日は何か虫の知らせで「今日はやめとくか」と思って行かなかった。それで数週間後、行きつけのレコード屋に行ったら、仲良くなったジャマイカ人のおばちゃんが「あんた、心配してたのよ」って。

聞いたら、その日、地元のギャングが、車で走りながら銃を撃つ「ドライブバイシューティング」を会場の近くでやったらしくて、4、5人が撃たれたらしいんだよね。もし俺が会場に行ってたら、流れ弾に当たって死んでた可能性だってあるわけで。

90年代後半、ブルックリンのCOJIEのアパートの屋上で

91年に単身NYへ。名目は語学留学も実質はレゲエ三昧

（COJIE）

俺は91年にNYに渡った。そこでSAMIと出会い、のちにMIGHTY CROWNに加入することになった。

レゲエにハマったのは高校2年生のころで、ボブ・マーリーからじゃなく、ダンスホールレゲエから入った。当時同じクラスでダンスホールにハマっていた奴がいて、その彼からダンスホールレゲエ、Ninjaman、Yellowman、Admiral Baileyとかのカセットテープを借りて聴いていた。最初はあまり感じなかったけど、気づいたらハマってたね。学校サボって東京までレコードを買いに行くこともよくあった。

レゲエに限らずヒップホップ、ブラックミュージック全般を聴いてたね。ハウスも一時期は聴いていた。日本初のクラブ・ミュージック・レーベルMajor Forceはよくチェックしていた。タイニー・パンクスの高木完や藤原ヒロシ、K.U.D.O、いとうせいこう、屋敷豪太、中西俊夫は先駆者的な存在だった。当時は雑誌『レゲエマガジン』『宝島』音楽新聞『Ｅｃｈｏｅｓ』とかで情報をゲットしていた。

最初は英語をまったく喋れなかったので、まずは語学の勉強からで本当にゼロからのスタートだ

った。

　そこではじめてＳＡＭＩの噂を聞いた。学校に何人かいた日本人の中にレゲエ好きがいて、その子が「パトワをめちゃくちゃ流暢に喋れるヤバい日本人がいる」って言ってたのを覚えてる。それがＳＡＭＩのことだった。その後ブルックリンのダンスで回してたＳＡＭＩを見て衝撃を受けた。

　英語学校に通いながらブルックリン、ブロンクス、クイーンズ、マンハッタンのいろいろなレコード屋を巡った。日本と比べてレコードの値段が半額以下だったから買いやすかったね。そして週末はサウンドシステムのセッションに行くのが流れだった。書類などを配達するメッセンジャーのバイトをしながら、あまり勉強もしないでレゲエ中心、音楽三昧な日々を送っていた。

　セレクターをはじめたのはニューヨークに行ってからで、機材も向こうで少しずつ揃えた。最初にプレイする機会を得たのは、マンハッタンのタイムズスクエアにあった「クラブ・ハランベ」というアフリカ人がオーナーのクラブだった。ニュージャージーに住んでいたときのルームメイトのアフリカ人がそこでレジデントＤＪ（レギュラー出演するＤＪ）をしていて、チャンスをもらえるようになった。それが俺のニューヨークでのデビューとなった。

今より何倍も大変だったダブ録りの記憶（COJIE）

俺がMIGHTY CROWNに加入したのは96年頃。実際に活動に加わったのは、97年に日本に帰ってきて、四国と九州地方のツアーに参加したときだった。

それまではニューヨークでセレクターをしながら、レコード収集だったりダブのレコーディングに行ったり、音楽の勉強の日々を過ごしていた。

ダブ録りは、テクノロジーが発達した今とでは全然違って大変だった。スタジオで2、3分の曲を録るのに3、4時間、長いと一日中待たされることもあった。そのぶん1曲に対する思いも大きかった。はじめて録ったダブは、キングストンのArrowsってスタジオで、MIGHTY CROWNではなく個人名義のもの。当時流行りのDJの曲のダブだった。

アーティストのギャラはピンキリで、US50ドルとか100ドルの人もいれば1曲1000ドル以上の人もいた。そのアーティストとの関係性によっても違うし、交渉次第のとこもあった。

日本人は英語が喋れないと特にナメられるし、日本人というだけで価格をふっかけられることもあった。

「俺にはこの道しかない」DeeJayからMCに転向

LAにいた俺はたまにイベントで回したことがあるくらいで、本格的に自分の音楽活動はしていなかった。活動をしていたのは、夏休みや冬休みに日本に帰ったとき。仲間内で集まってパーティーをやるようなレベルだったけどね。

SAMIが92年にニューヨークに留学してからは、「MIGHTY CROWNは海外をベースに活動をしていく」という目標が明確になった。俺らは日本のサウンドシステムのシーンもある程度は見てきたけど、現地でサウンドシステムを体験しちゃうと、サッカーでいえばJリーグとプレミアリーグくらいの差があることがわかっちゃったんだよね。音も違えばヴァイブスも違うし、お客さんのノリも違う。そしてパトワでやるのが当たり前。もうすべてのレベルが違って、「本物はこんなにスゴいのか」と思ったし、そこで自分たちの目標も変わっていった感じかな。

そして最初はDeeJayをやっていた俺が、MCに転向したのは、NYで本場のサウンドを見たことがきっかけだった。

その決意が固まったのは94年か95年。サウンドのメッカのBiltmore Ballroomで、Bass Odyssey対King Addiesというトップサウンド同士のクラッシュを見たことだった。

King Addiesは当時のアメリカを牛耳っていたサウンドで、Biltmore Ballroomはいわば本拠地。そこにジャマイカの大人気サウンドで、〝サウンドクラッシュ界のマイケル・ジョーダン〟級のスター・セレクター、Squingy（スクインジー）が所属するBass Odysseyが乗り込んでの戦いだった。そのクラッシュの熱量にヤラれて、俺は「同じ場所に立つためにMCになる。俺にはこの道しかない」と決意した。そこでピタッとDeeJayをやめてMCに専念するようになったんだよね。

ちなみに当時は、日本のサウンドが海外のクラッシュに出るなんて考えられないことだった。ましてやBass OdysseyやKing Addiesと戦って勝つなんて、想像もできないことだった。でも俺は、その無謀な戦いに魅力を感じたし、難しいからこそ挑戦してやろうという気持ちが芽生えた。実際、俺らがワールドクラッシュで優勝したあとは、MIGHTY CROWNとBass Odysseyがライバル関係だった時期もあったし、無謀と言われる挑戦でも、やってみないとわからない。

90年代前半のまだ無名の時期は、悔しい思いもたくさんした。たとえばジャマイカに行った時。コックバンペンというゲトーのエリアに、BANANA SIZEのPAPA U-Geeが住んでいて、俺らはそこによく入り浸っていた。そこである日、ステレオパッションという地元のサウンドが出演するイベントがあって、俺らはレコードを回させてもらうつもりで行ったんだけど、「おまえらはダメだ」と追い払われた。そういう思いはニューヨークでも何度もしてきたし、そのたびに悔しさを味わいながら、「いつかはわからせてやりてえ」と思っていた。

サウンドシステムを作るためにバイトをしていたことは前にも書いたけど、俺が日本でいちばん長くやったのはペンキ屋。海外に行くことが多かったから、休みの融通が効いて自由に活動できたことが大きかった。ＬＡでも通訳とかアテンドとかいろんなバイトをした。

俺は就職する気はゼロだったから、そうやってバイトでカネを稼いで、貯めたお金で機材を買って、ニューヨークやジャマイカに行って、また日本に戻ってバイトして、たまにイベントもして……みたいな感じで生きていた。ニューヨークに行くときは格安のエアラインを使っていたし、お金に余裕はなかったけど、そのルーティンが何年か続いていた。

とにかくＮＹのカルチャーを現地で体験できたことはすごく大きかった。92〜94年は、俺らは主にアメリカに滞在しつつ、ときどき日本に帰ってきては、「このヤバいカルチャーと音楽を広めよう」と頑張りはじめた時期だった。

内臓にくるようなレベルの音圧。ビルトモア・ボールルームの衝撃（COJIE）

ニューヨーク在住の間は、屋内屋外問わず様々なサウンドシステムのイベントに行って音楽を「体で聴く」ということを体感してきた。サウンドシステムはこのカルチャーになくてはならない大事な要素のひとつ。

ブルックリンのBiltmore Ballroomは伝説のハコで、数々のサウンドクラッシュやトップアーティストがパフォームしてきた90年代のダンスホールの聖地。ダンスホールの黄金時代に、リアルタイムで体験できたのはとても貴重だった。

レコード店の倉庫で一日掘りまくり（COJIE）

レコード屋を巡るときは、掘り出し物を求めて一般のお客さんが入れないカウンターの裏側や、お店の2階や地下の倉庫なんかも見せてもらうことが多かった。店頭に出ていない値段もついていないレコードを掘って、値段交渉することもあったし、そこにはいろいろな発見があった。1店舗で1日過ごすこともよくあった。

新しいレコードとの出会い、新しい音楽を知る喜びを求めて、ニューヨークと同じ東海岸のフィラデルフィアやボストン、ワシントンなどにも電車で行った。

当時同じくNYに住んでいた元Buddha BrandのDev Largeともレコード屋に行ったことがあった。彼らとマンハッタンのイーストビレッジ辺りのレストランやバーに集まって朝まで飲むことも多かったな。DJ MASTER KEYやDJ KAORIもいたね。三木道三にはじめて会ったのもニューヨーク。ベテランDeeJay牛若丸も近所に住んでいて、よく一緒に遊んでた。

当時ニューヨークに住んでいた音楽仲間は、ジャンルに関係なくみんな同志という感じがあった。

9章

第二の拠点NYで世界一のサウンドになるまで

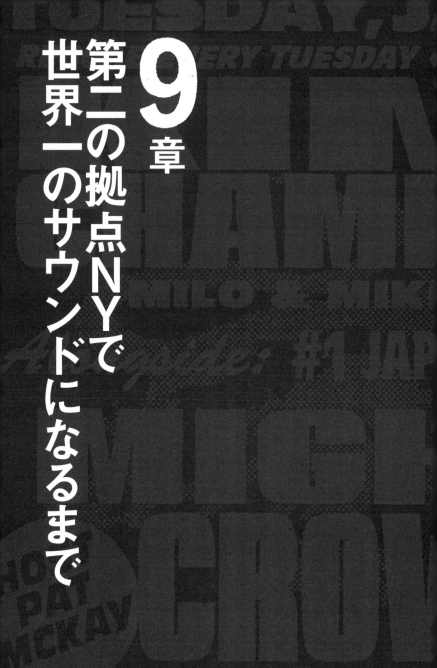

90年代後半のクラッシュは「ダブの数」と「センス」の戦いに

海外では個々のメンバーが個人で回す程度だったMIGHTY CROWNも、活動を徐々に本格化させ、90年代末には海外のクラッシュにも出場するようになっていった。

俺らがMIGHTY CROWNを結成した91年頃は「クラッシュで45を使ってもいい」とされていた最後の時代。94、95年くらいからは、「サウンドクラッシュではダブ以外はかけちゃダメ」という暗黙の了解が作られていった。

有名なサウンドは、当時すでに何百曲というダブを持っていた。だからそうしたビッグサウンド同士の対戦では、全曲ダブでの勝負が普通になっていったし、そんな対戦で45をかけると、MCで「おまえ、なんで45かけてんの？ これビッグリーグだよ」と反撃されちゃうんだよね。

新しいサウンドが50曲や100曲を揃えて挑んでも、相手と被るダブがあったりするから、何ラウンドか戦うと球切れになってしまう。だからサウンドクラッシュで勝つには大量のダブが必要で、それにはカネも必要という状態になり、キャリアの長いサウンド以外はそう簡単に勝ちづらい状況も生まれていった。だから海外に渡った俺らは、まずダブ録りを進めることからスタートした。

ただ、カネにものを言わせてダブを録りまくっても勝てるとは限らない。ダブは原曲から歌の部分を載せ換えて作るものだから、ある種のプロデュースになるし、そこでサウンドの個性やセンスが出る。アーティスト同士の組み合わせを考えることで、世界にひとつしかない新しい曲も生み出すことができる。その意味で、サウンドクラッシュは時代を経るごとに「ダブの数」と「センス」の戦いになっていった。

天性のプロモーターIRISH&CHINが「ワールドクラッシュ」をスタート

ワールドクラッシュをIRISH&CHINがはじめたのは98年。ワールドクラッシュと呼ばれる大会は98年以前にもあったけど、長続きしていないし、たいした話題にもなっていなかった。でも彼らがはじめたワールドクラッシュは20年以上続くサウンド界でいちばんのクラッシュになった。

SAMIと同い年で、まだ20代前半だったCHINがそんな大会をスタートして、日本のサウンドもマネージメントしながらシーンを動かしていくのは誰も想像していないことだった。それだけCHINは先見の明があったんだろうね。

CHINが住んでいたクイーンズは、ブルックリンとは敵対関係にあるエリア。そこでCHINはサウンドのクルーの一員としてMCをやっていた。それでクイーンズではガキの頃から有名なサウンドを呼んでサウンドクラッシュをやっていたみたい。

一方のブルックリンには、何度も名前が出てきたダンスホールやクラッシュのメッカBiltmore Ballroomがあった。韓国人のおっちゃんが経営していたデカいホールで、毎月のように大規模なサウンドクラッシュが行われていた。

そのハコが使えなくなったときに、NYのサウンドクラシュ業界は少し低迷するんだけど、そこで頭角を表したのがＩＲＩＳＨ＆ＣＨＩＮ。彼らは97年頃からブルックリンやクイーンズで、「ここところが対戦するってヤバくない?」と驚くようなカードのイベントをバンバン打ちはじめて、評判を呼ぶようになった。つまり天性のプロモーターだったんだよね。

ちなみに俺らが優勝した99年のワールドクラッシュは、当初から「インターナショナルな大会にしたいから、日本のサウンドを入れたい」という話はあったみたい。ただ、最初はKillamanjaroとも仲が良かったJUDGMENT SOUND STATIONというサウンドが候補だったらしい。でもＣＨＩＮの周りの奴らやニューヨークのカセット屋が「ＭＩＧＨＴＹ ＣＲＯＷＮを使ったほうがいい」って推薦してくれたらしいんだよね。「あいつらはアンダーグラウンドで戦ってるけど、マジでヤべえから」って言ってくれたみたいで。ＣＨＩＮからすると「ＭＩＧＨＴＹ ＣＲＯＷＮなんて無名じゃん」って存在だったらしいけど、それで抜擢されたとあとから聞いた。

俺らが別の大会で勝ったことも大きかったみたい。ワールドクラッシュは10月のコロンバス・ウイークエンドっていう休暇の時期に行われるんだけど、俺らは99年6月のボストンのクラッシュで勝っていた。この経験については、ＣＯＪＩＥが次に詳しく書いてくれている。あと田舎のエリアでカリスマ的な人気だったBass Odysseyにも勝ったりしていたから、ＩＲＩＳＨ＆ＣＨＩＮは「こいつら面白いじゃん」って思ってくれたらしい。

クラッシュをネクストレベルに持ち上げたのはＣＨＩＮ（ＣＯＪＩＥ）

ここではワールドクラッシュの開始前後のシーンの変化についても書いておきたい。

前に書いたように、昔のサウンドクラッシュは細かなルールもなければ勝敗の判定もなかった。そんな曖昧な部分やいろんな意見があって、逆に昔のクラッシュは面白かった。人によって勝敗も違ったし、それがストリートで話題になってサウンドの評判は自然と広まっていったんだよね。

そんなサウンドクラッシュは、ルールが細かく整備されることで、一般的にわかりやすくなったし、よりエンターテインメントの要素を強めていった。そのサウンドクラッシュをネクストレベルに持っていったのは、ワールドクラッシュをはじめたＣＨＩＮの存在が大きかったと思う。コアなファン以外もクラッシュを楽しめるようになったし、世界でクラッシュのシーンが盛り上がっていった。ＣＨＩＮは未来のためにシーンのことを考えた、間違いなくゲームチェンジャーだった。

60〜80年代縛りのクラッシュで老舗サウンドに勝利

（COJIE）

99年のワールドクラッシュ優勝以前にMIGHTY CROWNは重要な大会に出場していた。それが6月にボストンで開催された「Vintage War 2000」というサウンドクラッシュ。なぜか99年開催なのにタイトルは2000。MIGHTY CROWNがこういう大きなダンスに呼ばれるようになったのは、この頃からだったと思う。

このクラッシュで使える楽曲は、60、70、80年代の楽曲のみ。相手のサウンドはニューヨークのファウンデーションサウンドDOWN BEAT、イギリスのファウンデーションサウンドSir Coxson。両方とも老舗のビッグサウンドでテーマの60s、70s、80sをリアルタイムで体験してきたサウンドなので俺らにとっては難しい大会ともいえた。

DOWN BEATはジャマイカの超名門レーベルStudio OneのプロデューサーL、コクソン・ドットとの関係性もあって、Studio Oneのスペシャルや音源を多分世界でいちばん保有してるサウンドじゃないかな。ニューヨークのパイオニア的なサウンドだし、個人的にも関係性があったのでやりにくい感じはあった。

Sir Coxsone Soundは言わずと知れたUKのファウンデーションサウンド。当日はサウンドの中

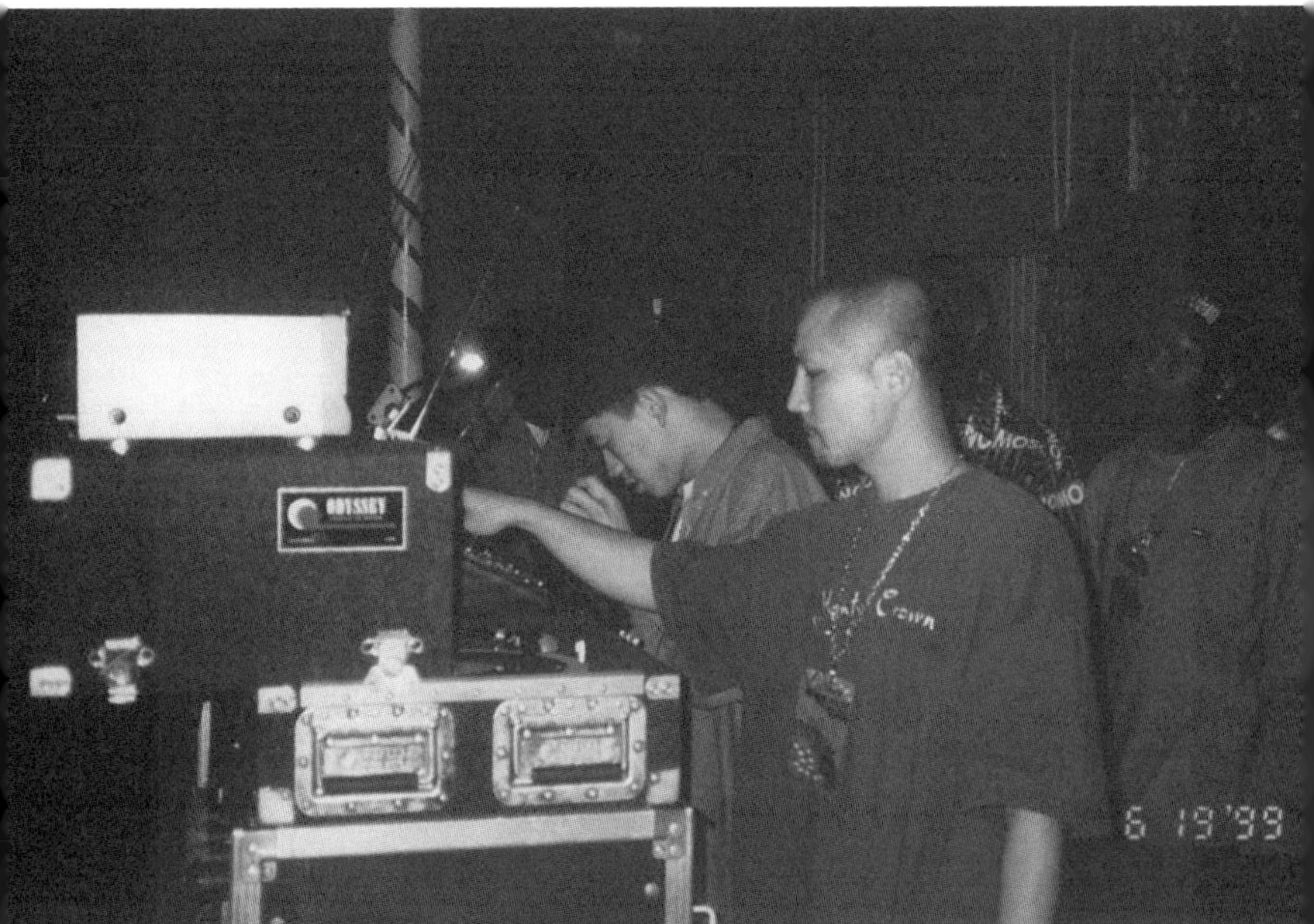

1999年、ボストンで行われたサウンドクラッシュ Vintage War 2000にて。SAMIとCOJIE

心的な存在のロイド・コクソンとフェスタスではなく、あまり知らないチャリスという若いセレクターだったけど、個人的にも両サウンド共にカセットで昔から聴いてきた憧れのサウンド。この手のクラッシュとしては十分な相手だった。

集客はあまり良くなかったけど、結果的に俺らは観客をいちばん盛り上げて勝利した。

後から聞いた話だと、CHINはMIGHTY CROWNがこのヴィンテージクラッシュに勝ったことで、俺らをワールドクラッシュに出場させることを決めたとか。歴史のある伝統的なサウンドに勝ったことは、俺らにとっても大きな自信になった。

無名の日本のサウンドが起こした奇跡。99年ワールドクラッシュ優勝

99年のワールドクラッシュはブルックリンでの開催。CHINが前年にはじめたこの大会は、名前の通りサウンドクラッシュ業界の頂点を決める大会。当時無名だった俺らは当然だけど初出場だった。

対戦相手は2組いて、ひとりはトニー・マタラン。彼は当時アメリカでナンバー1のKing Addiesという超巨大サウンドの出身。そこからソロになって話題を呼んでいる時期で、リアルタイム

で流行っているニュー・チューンをバンバンぶっ込んでくるスタイルでめちゃくちゃ人気だった。

そしてもうひとつのサウンドが前年王者のKillamanjaro。当時、クラッシュ業界に新しい風を吹かせたリッキー・チューパーが在籍していて、いわばクラッシュサウンドとしての全盛期。サウンド界の横綱的な感じだね。チューパーはその後、クラッシュの世界で最強の存在になっていった。

この日、俺らが一発目にかけたのはブルース・リーの『燃えよドラゴン』のテーマ曲。俺らはブルックリンで暮らしていたからわかるんだけど、アメリカの黒人たちはブルース・リーとかジャッキー・チェンが大好きなんだよね。だからこの日も観客は盛り上がっていた。

あと俺がMCで「Blood Claat」みたいなパトワのCUSSワード（相手をけなす言葉）を言ったことでも会場は盛り上がっていた。それをアジア人が言うのは黒人の観客にとって衝撃だったみたいだし、俺らをはじめて見てびっくりした人が多かったということだと思う。

それで2曲目にかけたのは、テリー・リネンがホイットニー・ヒューストンの曲をカバーした『Try It On My Own』のダブ。「Tonight is your judgment night」っていう歌詞からはじまるんだけど、「今日はおまえらが裁かれる日だ」って言葉が現場の状況にドンピシャで、観客はドカーンと湧いた。この日のクラッシュでは、相手をけなすリリックが上手くハマった。

これ以降は、全曲ダブの戦い。ここで勝てたのは奇跡だったと思っている。

特に決勝で俺らが戦ったKillamanjaroの強みは、チューパーのイケイケのMCと、持っているダブ。大物アーティストのダブもたくさん持っていたし、その数もすごかった。

この日、俺らが持っていったダブプレートは2ケース分で、1ケースが50枚くらいだから、合計

IRISH & CHIN ENT.
WORLD CLASH '99
It's not where you are from,
it's where you represent.
Saturday
OCTOBER 9
1999
COLUMBUS DAY WEEKEND
FEATURING:
'98 World Champion
Killamanjaro
KILLAMANJARO
Rep. the world
BASS ODYSSEY
TONY MATTERHORN
REP. JAPAN
MIGHTY CROWN
ADM: $30
B4 12
Referee DJ ROY
CLUB WAREHOUSE
1370 RALPH AVE.
BROOKLYN N.Y.
BET CLARENDON & FOSTER
TEL: 718-322-5219
516-770-8322
SPONSORED BY:
VP RECORDS
IRIE JAM FM 93.5

'99 10 10

WORLD CLASH 99 in NYで相手を挑発する

100枚くらい。でもジャロは10ケースくらいは持っていたはず。手持ちのダブの数が全然違ったんだよね。しかも俺らの持っている100枚のうち半分くらいは、「今日のクラッシュでは使えないな」というもの。だから実質手持ちは50枚。「1ケースじゃナメられる」と思って使えないダブも持ってってたんだよね。

そしてKillamanjaroやトニー・マタランはダブをかけることでいろんなアーティストを有名にしてきたし、熱狂的なファンも多く作ってきた。日本人にわかるようにいうと、阪神ファンみたいなすごいファンがこの日の会場にも集まっていた。

それに対して俺らは無名。手持ちのダブも少ない。だから俺らは一発残らず全部撃つような戦い方をして、奇跡的に勝つことができた。サッカーでいえば、日本がワールドカップでドイツやスペインに勝ったみたいな感じの出来事だった。

勝利の裏にあった「ファウンデーション」という武器

（COJIE）

99年のワールドクラッシュで優勝できたのは、MIGHTY CROWNが大事な要素のひとつ「ファウンデーション」のダブをしっかり持っていたのがよかったと思う。

ファウンデーションというのは、言葉通り、レゲエのベースとなるような基礎となる曲のことを指す。一言にレゲエといっても、その中にはいくつかのサブジャンルがあり、とても幅広く奥深い。ファウンデーションのダブをある程度持っていれば、そのサウンドの深みや説得力も増していくし、流行りに関係なくいつまでもかけられる。世界で戦ううえでは両方必要だからね。そして、ある程度の知識も必要となる。

日本から来た謎のサウンドが、観客の期待を超えるダブと選曲で驚かせることができて、大きなインパクトを残せたんだと思う。

2008年、ジャマイカで開催されたワールドクラッシュで2連覇を達成

10章

日本で「レゲエで食べていく」ためにしてきたこと

TAXI HI-FI、TOKIWA STARを倒し日本一に

俺らの名前が日本のクラッシュの世界で広がったのは1995年。やっと完成したサウンドシステムを使ったはじめてのクラッシュで、BRAIN BUSTERという小田原のサウンドを倒したことがきっかけだった。そのときは「ニューヨーク在住でパトワを喋れる奴ららしい」「外人なの？ え、横浜出身？」みたいな噂がストリートでは広まったらしい。しかも、いきなり竹中直人さんのダブをかけたりするから、「なんか得体の知れないヤバい奴らがいる」って言われていたみたいだね。

そして98年4月に西麻布のCLUB YELLOWでは、ジャパニーズ・レゲエのオリジネイターであるRANKIN TAXI率いるTAXI HI-FIとサシで対戦。そこで圧勝したことも、シーンでは大きな話題となった。

さらに同じ年の12月には、大阪のBayside jennyで横浜代表の俺らとレペゼン東京のTAXI HI-FI、それに大阪のTOKIWA STARの3サウンドで『頂点』というクラッシュで戦った。

TOKIWA STARはNG HEAD、PUSHIM、RYO the SKYWALKER、JUMBO MAATCHなど錚々たるメンバーが集まったオールスター。ものすごい勢いがあったけど、俺らは負ける気がしなかった。そしてアウェイの環境でも圧勝したことで、日本のサウンド界では俺らの名前は完璧に知れ渡ったし、「MIGHTY CROWNが日本のサウンドクラッシュの王者」というイメージは定着した。

やっぱり同じクラッシュでも海外と日本ではシーンが完全に別。日本のクラッシュのことなんて

1998年、今はなき大阪Bayside Jennyで行われた歴史的なクラッシュ「頂点」

向こうの人は存在も知らないから、海外は海外で勝ち、日本は日本で勝って評判を高めなければいけなかった。

そして『頂点』での戦い以来、俺たちは日本でサウンドクラッシュを一度もしていない。その後の俺らは海外のトップリーグで戦い続けてきたから、国内で戦う理由もなければ、そのモチベーションもなかったからね。ただSNSで「俺らと戦ってくれよ」「逃げてんのか⁉」みたいに仕掛けてくる奴らはちょこちょこいる。

今のところ戦うつもりはないけど、俺らに挑もうとしてくる人たちは、たぶんMIGHTY CROWNをひとつの目標にしてくれているんだと思う。だから、そういう声をかけられるのは嬉しい部分もある。無視できないほどデカい存在になって、「こいつらマジでヤバいな。戦うことを考えるとワクワクする」と感じるようになったら戦おうとは思っている。

ちなみに95年のBRAIN BUSTERとの対戦の前夜には、ちょっとしたトラブルがあった。

その日、俺らは「クラッシュで使うのははじめてだし、ちゃんと音が出るか外で鳴らしてみようぜ」とサウンドシステムを外に持ち出した。今だから言える話だけど、近所のプール近くの道路脇で、「工業地帯だからイケるっしょ」とか言って、勝手に電源を取って音を出してたんだよね。そしたらアンプから煙が出はじめて、クラッシュ前日にアンプが使えなくなっちゃった。だからクラッシュ当日は、Tasteeというサウンドからアンプを借りて出たことを覚えている。

俺らは機材についてまだド素人だったから、故障の原因も、どこをどう直せばよいかもわからなかった。でも、BOY-KENが所属しているV.I.P. HI-POWER & NOISE SOUND SYSTEMのショウゾウ君にその話をしたら、「多分、ヒューズが飛んだだけだよ」と教えてくれた。それで一緒にヒューズを買いに行って、無事直すことができた。

電気屋で数百本買い占め。カセット販売のビジネス

日本と海外を行き来しながら音楽活動をしていた俺らだったけど、ニューヨークやジャマイカへの渡航費は馬鹿にならないし、ワールドクラッシュで優勝する前は、ライブ出演料はあってないようなものだった。そして音楽で生まれた利益は全部音楽活動につぎ込んでいた。

だから収入はバイトに頼っていたわけだけど、徐々に音楽活動で一本立ちできる兆しが見えてきた。大きかったのは、俺らのサウンドクラッシュやミックステープを収録したカセットテープの販売収入。

俺らが出場してきた99年以降のワールドクラッシュのカセットテープは、日本で俺ら自身が売ってきた。全部で4、5000本は売れたんじゃないかな。あれは俺たちにとっても驚きの体験だった。

前にも書いたように、サウンドクラッシュのテープはカセット屋がどんどん売るし、それをダビ

ングして売るカセット屋もいる。その売り上げはクラッシュに出ていた俺らには一銭も入ってこない。そういう状況があったから、「じゃあ俺らは日本で売ろうよ」って話になったんだよね。

でも自分たちの家でカセットをダビングしていたから、作業は大変だった。まず、アメリカで16倍速のダビング機を2000ドルくらいで買ってきて、日本に持ち込んだ。1本のカセットから一度に3本までダビングできたのかな。それを家でひたすら走らせて、カセットのスリーブも自分たちで印刷した。

カセットは近所のコジマ電気に行って、「ここからここまで全部ください」って頼んだのを覚えてる。ダビングしてる最中も「この作業ヤバいね」ってみんなで笑っていた（笑）。

でも、いくらダビングしても音はちゃんと聴こえたし、買った人も楽しんでくれたと思う。カセットテープのカルチャーには「マスターテープに価値がある」なんて考えかたは一切ないからね。

カセットのスリーブも、最初はフライヤーをそのまま縮小コピーしたものだったけど、デザインも少しずつちゃんとしてきた。

俺らが最初にカセットを売りはじめたのは96年頃。自分たちで手売りするのは、100本や150本が限界だった。そこから数を大きく伸ばせたのは、当時レゲエ作品を多く手掛けていたアルファ・エンタープライズというレーベルとディストリビューション会社が、「流通に乗せて売ってあげるよ」と声をかけてくれたから。これは今でも本当に感謝している。

で、指定された数のカセットを自分たちでダビングして、恵比寿の事務所まで持っていって、納品書も自分たちで書いていって作業をした。あと知り合いのお店には自分たちが直で卸していた。

海外で参戦したサウンドクラッシュのカセット

俺らが最初に売っていたのは「MIGHTY CROWN」というグループ名そのままの海外音源のミックステープのシリーズ。これも流通に乗ったら1000本単位で売れるようになった。90年代後半はミックステープのカルチャーがレゲエでもヒップホップでも盛んだったし、バイトを別にするとこれが俺らのいちばんの収入源だった。

そうやってカセットを中心にビジネスのフォーマットを考えて、マネタイズの手段を国内で作れたのは、サウンドシステムとして大きな強みになった。たぶん外国のサウンドの連中は、自分たちでカセットを売ってマネタイズできてないんじゃないかな。

俺らが海外のサウンドクラッシュの音源を日本で売ることについては、他の国で勝手に売られているわけだから、「じゃあ俺らは日本で同じラインを作ろう」と考えたまでのこと。今となってはグレーゾーンのビジネスだけどね。海外でも自分たちのクラッシュがテープになっててもサウンドシステムは「金よこせ」とは言わないし、アーティストもそんなことは言わない。少なくとも2000年代前半まではミックステープの文化がレゲエにはあった。

日本人は律儀だから、そうやって俺らがカセットを売り出しても、同じカセットをダビングして売るような人はほとんど出てこなかった。少しいたはいたんだけど、若い頃の俺らはヤンチャだったから、「何勝手に出してんの?」と取り締まったりもした（笑）。

で、俺らのカセットはレコード屋だけでなく、知り合いのレゲエが好きな洋服屋とかレゲエバーとかでも売られるようになった。そこでレアなカセットを掘れたりすると、ちょっとしたステータスになった。友だち同士でも「いいネタ掘れたよ！」みたいな貸し借りもあった。

自主リリースしたMIGHTY CROWNカセットテープ・シリーズ

カセットが俺らにとってのメディアであり、今でいうYouTubeやSNSみたいな存在だった。

レゲエ全体を盛り上げる自主レーベル LIFE STYLE RECORDS

俺らのテープが流通に乗せると売れることがわかると、レコード会社からも「正規でミックスCDを出さないか」という声がかかるようになった。それで80年代ダンスホールで大人気だったJammy's関連のレーベル音源のミックスCDを、アルファ・エンタープライズの小林さんと茂呂くん（BRAIN BUSTERのメンバー）から声をかけてもらって出すことになった。

他のアーティストの音源の公式ミックスだから、俺らに印税が入ってくるわけではなかったけど、単発で何十万というギャラをもらうことができた。何よりジャマイカの有名レーベルの正規ミックスを出すのはMIGHTY CROWNのステータスになったし、名刺代わりの存在になった。

そして99年に世界チャンピオンになってからは、日本でも俺らの音源を出さないかという話がビクターから舞い込んできた。24×7RECORDSの八幡浩司さんが声をかけてくれて、2000年に『MIGHTY CROWN Tribute to VOLCANO - Henry "Junjo" Lawes』という作品をリリースした。

ビクターからのリリースとなると、やっぱりメジャーの世界だから、『WOOFIN'』だったりいろ

メジャーからリリースした初のオフィシャルMIX CD

んなメディアのインタビューも増えていった。

そして俺たちは2001年にLIFE STYLE RECORDSというレーベルを立ち上げた。これは自分たちの活動やビジネスのことだけでなく、「レゲエのシーン全体をどう押し上げていくか」を考えたうえでの決断だった。日本全国を回る機会も増えてきたからね。

そこで最初に作ったのはコンセプトアルバム型カセットテープ。内容は月曜から日曜日までの俺らの生活＝LIFE STYLEをイメージしたもの。ニューヨークにいた頃、COJIEの家に集まって、土曜日はダンスにみんなで行って、日曜はイベント明けにメロウな曲を聴いて……みたいな生活を送ってたから、それをイメージした感じだね。

スタジオはレゲエ専門誌『Riddim Magazine』を発行していたOVERHEATの石井志津男さんが貸してくれた。会社が終わる7時くらいにスタジオに入って、結成直後のFIRE BALLと朝までレコーディングしたのを覚えている。そのカセットがまた数千本売れて、LIFE STYLE RECORDSのイベントも打ったことで、俺らはサウンドクラッシュとはまた違う分野でシーンを作っていけた。

「無視されるなら自分で作る」自主メディア立ち上げ

ビクターから作品をリリースする以前、俺らはメディアからインタビューを受けることはほとんどなかった。日本にはレゲエの雑誌もいろいろあったけど、海外のストリートを拠点に活動をしてきたMIGHTY CROWNは無視されている存在だったんだよね。『レゲエマガジン』もなかなか俺らをフィーチャーしなかった。

「だったら自分たちでメディアを作っちゃおうよ」と言って2001年に立ち上げたのが『Strive』というフリーペーパーだった。もともとBANANA SIZEのMASA IRIEと北中さん、あと俺らの事務所で一緒に仕事をしてくれることになる小松淳子さんが運営していた『港横浜レゲエタイムス』というフリーペーパーを引き継いで、コンセプトを作り直して立ち上げた形だった。

最初は広告もなかなか入らなかったけど、地元・横浜の人たちとかイベントを打っている連中にも声をかけて、段々と売り上げも入ってくるようになった。12〜13年は発行を続けたんじゃないかな。

『Strive』の紙面作りで大事にしていたのは、海外で戦ってきた俺らだからこそ知っている、海外のダンスホールやサウンドシステムのリアルな最新情報を載せること。そして日本のシーンも上辺

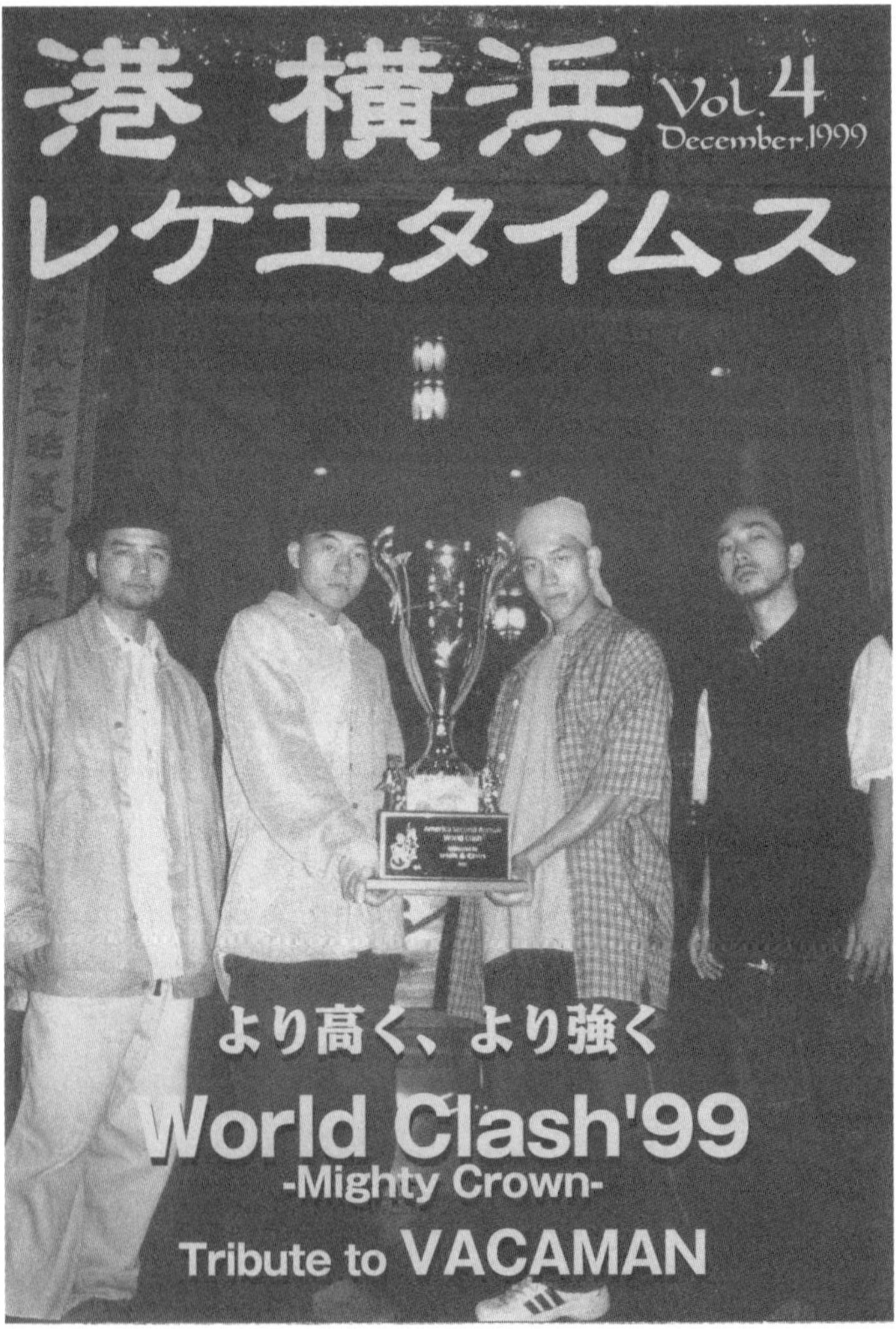

「Strive」の前身「港横浜レゲエタイムス」

自主で発行したフリーペーパー「Strive」

をなぞる感じじゃなく、きちんと掘り下げた情報を載せてたから、『Strive』はかなり読まれるようになった。『WOOFIN'』とか『Ollie』にもレゲエの情報は載っていたけど、ほかのカルチャーと横並びの紹介で、日本や世界のリアルなレゲエ事情はわからなかったからね。

ちなみに『WOOFIN'』は少し前まではヒップホップ色の強いファッション誌だったのに、2003年あたりからレゲエ雑誌みたいになってきて、俺らみたいなレゲエの連中ばかりが表紙を飾るようになった。今はHIPHOPが同じような感じで若者のカルチャーに根付いているけど、当時はそれがレゲエだったんだよね。そして当時はFIRE BALL、Pushim、Moomin、Ryo the Skywalker、Mighty Jam Rockといったレゲエアーティストがメジャーデビューして、シーンが大きくなっていった時期だった。

そうやって他のメディアからも俺らに注目が集まるようになったのは、俺らがワールドクラッシュで優勝しただけでなく、自分たちから積極的に情報発信を続けてきたことが大きかったと思う。それでほかの雑誌も「何だこいつら?」「何か大きなイベントをやってるみたいだぞ」と注目をして声をかけてくれるようになったし、イベントの口コミもさらに広まっていった。横浜レゲエ祭の成長は、その口コミが大きかったと感じている。

「いい車、いい暮らし」は後回しで挑戦を継続。レゲエで20年間食えている理由

横浜レゲエ祭の話に移る前に、俺らの音楽活動が「事業」としてどう変化してきたのかも書いておこうと思う。

日本では「レゲエで食べていく」ということは、特にサウンドでは前例がない状態だった。そんな状態でも、「なら俺らが最初じゃね？」「前例がないなら、前例を作ればいいんじゃね？」と俺は考えてきた。その考えのまま20年以上活動を続けてきたし、それで今も同じ考えを持って毎日を健康に生きている。

ただ「レゲエを仕事にする」ということに対しては、「それで食ってけるの？」と言われることが多かった。実際、99年に世界チャンピオンになってからも、まだ普通にバイトをしていた。SAMI-T もCOJIEもSTICKOもみんな同じ状況だった。

最初にバイトを辞めたのは俺だった。優勝した少しあとに、「レゲエ1本で行ってみない？ まずは俺が仕事のベースを作ってみるからさ」と提案をした。

前にも書いたペンキ屋のバイトを俺は長く続けていて、朝5時に起きて仕事に行って、帰ってくるのは19時くらい。それで夜はメンバーで集まって、ミックスCDの構成とかを話し合っていた。

ぶっちゃけペンキ屋の仕事中もレゲエのことしか考えてなかったけどね。

バイトを辞めるのを提案した当初は、レゲエの収入はそこまでなかったけど、月に15万とか20万は入ってくる感じだったから、ひとりの生活費ならどうにかなった。100万も入ってきたら当時の俺らには大金だったけど、それは生活費に当てるわけじゃなく、ジャマイカへの渡航とダブ録りに使ったり、サウンドシステムの更新や補強に使っていた。次の金を生むためにお金を使っていた感じだった。

それがワールドクラッシュの優勝を機に、カセットテープが正規流通に乗って大きく売れるようになった。レコード会社からミックスCDの仕事も入るようになった。それで翌年くらいからみんなもバイトを抜けて、これ1本で行こうという状態になった。

2000年の終わり頃からは、6畳くらいの安い事務所を借りて、ファクスと電話を置いて、CDやカセットの注文の管理とかの業務をしていた。まだ会社は立ち上げてなかったけど、大手の東芝EMIとかと契約しようとすると、会社組織じゃないと相手にしてもらえないことがわかってきた。

最初は、親父の持っていた会社に音楽部門を作って事業をさせてもらうことにした。お金は一切出してもらっていないけど、あくまで契約上必要だったから会社を使わせてもらった形だね。で、1年くらいそこで事業をしてみると、利益もけっこう上がっていた。その数字を見た親父にも「これは独立して自分でやったほうがいいぞ。それに音楽でメシを食っていくなら、世界を目指さないと意味ないぞ」と言われて、MIGHTY CROWN ENTERTAINMENTという会社組織を2002年に

MASTA SIMON ペンキ屋時代

立ち上げた。そこから上手く事業が回るようになって、社員やアルバイトを雇って給料を支払うこともできるようになっった。それが今まで20年くらい続いている。

俺らはうまいことマネタイズができて、会社もずっと続けられているけど、その理由のひとつは、「メイクマネーしていいクルマに乗る」みたいな成り上がりだけを目指さすに、音楽活動で得られたお金を音楽活動に投資してきたからだと思う。

ヒップホップの世界では「俺らは勝ち上がって、いい車に乗って、いい女をゲットするぜ」みたいに公言するアーティストは多いし、ダンスホールにもそういう人はいる。俺らもいい車が欲しくないわけじゃないし、実際に乗ってた時期もあるけど、活動が軌道に乗りはじめた頃はその優先順位は低かった。

サウンドを構築するのにもお金がかかった。先行投資がとにかくデカいし、そこで借金を背負っちゃう奴らもいる。でも、俺たちは借金をしたことがない。音楽活動で一本立ちする前はバイトで稼いでたし、親からも誰からもお金を借りてない。

それに俺らは世界のサウンドクラッシュで戦っていたから、渡航費も滞在費も必要だったし、特にダブ録りにはお金をかけてきた。いい車に乗るよりも「誰もやったことがないチャレンジ」を続けることのほうが、俺らにとっては贅沢で楽しいことだったんだよね。「他のアーティストがいい車に乗って遊んでいる間に、俺らはサウンドシステムを強化して、どんどん海外に出ていって、経験にお金を使おう」みたいなマインドがあった。そして、何に使うかは人それぞれだけど、「お金は使うもの」だと今でも思っている。

横浜レゲエ祭でもステージにすごくお金をかけてたし、「主催イベントでとにかくカネを儲けよう」と思ってたわけでもなかった。利益を増やすなら、もっと別のやり方はあっただろうけど、まずは音楽を通して実現したいことが先にあって、利益については俺らなりのバランスで上げられればいいという感覚だった。その点では、ビジネスマンとしてはダメなのかもしれないね（笑）。

横浜レゲエ祭は150人のライブハウスからはじまった

俺らの活動の歴史を語るうえでも、日本のレゲエシーンの歴史を語るうえでも欠かせない、横浜レゲエ祭についても詳しく書いていこうと思う。

横浜レゲエ祭は1995年に「横浜Reggae Bash」という名前でスタートした。名前は海外に「〜Bash」っていうレゲエのイベントが多くあったから、それに倣った形だった。

会場は地元にあるCLUB24 YOKOHAMAというライブハウス。最終的には日本人だけの野外フェスの先駆けのような存在になったけど、最初の観客数は150人くらいで、チケットもパー券スタイルの手売りだった。

当時のMIGHTY CROWNはサウンドシステムが完成して、本格的に活動をスタートする時期。みんな生活拠点は海外にあったけど、夏には日本に戻ってたから、「夏には日本人のアーティストだけでイベントをやろうよ」と話したのがはじまりだった。

「日本人だけ」というコンセプトにしたのは、自分たちに海外アーティストを呼ぶ資金がなかったのがひとつ。そして日本には85年から「レゲエジャパンスプラッシュ」というジャマイカ人のトップアーティストが集まる超豪華なイベントがあったけど、日本人だけの大きなイベントはなかった。当時のシーンのレベルを考えると仕方ないことだけど、日本人のレゲエはB級C級の扱いでぜんぜん相手にされていなかった状況にも、俺たちは憤りを感じていた。

そこで目指したのは「横浜生まれ、横浜育ちの自分たちのパーティー」。ステージでは「日本のレゲエもヤバいんだぜ」と繰り返し言っていたし、俺らには「地元を盛り上げる」というミッションもあった。

俺らは横浜生まれ横浜育ちのプライドがあるし、横浜はナンバーワンの街だと思っている。それはニューヨークのブルックリンとかクイーンズのエリアの人たちと同じようなマインドかもしれない。

1年目はキャパ200人のハコからのスタートだったけど、「これは楽しいな！」という手応えが俺らにはあり、「毎年の夏の恒例行事にしようぜ」という話になった。96年、97年は少しずつ増えて会場も満員になってきたから、98年にはイベントもサウンド編とアーティスト編の2DAYS開催に。これまでのCLUB24にくわえてCLUB HEAVENでも開催することになり、HEAVENでは観客数も1000人を超えた。

1995年8月19日、第1回横浜レゲエ祭(横浜レゲエバッシュ)

横浜ベイホールに長蛇の列（2001年）

その年に、誰かが「イベント名を日本語にしたほうが内容も伝わりやすいんじゃない？」と言ったのをきっかけに、イベント名を「横浜レゲエ祭」に変更した。

そして２０００年～２００２年までは横浜ベイホールに会場を移して、集客も２０００～３０００人の規模になった。その頃に「やっぱ野外でイベントをやりたいな」という気持ちが芽生えはじめた。

目指したのは横浜スタジアム。地元以外のアーティストは結構ライブをしていたのに、地元のミュージシャンのライブは全然なかった。だから「来年レゲエ祭は野外かな？横浜スタジアムかな？」って俺が突然言いはじめたんだよね。

裏方や関係者は「え、急に何？」って反応だったと思うけど、言霊っていうのはやっぱりある。そうやって目標を口にすると、物事はそっちに進んでくんだよね。

２００３年の初野外の会場に選んだ場所は、１万人が入れる八景島シーパラダイス・マリーナヤード。俺らの挑戦に、横浜の老舗イベンターのＫＭミュージックが「これは面白い」と協力してくれた。そことタッグを組んで勝負をかけた。

「失敗したらマグロ漁船」八景島で1万人の野外イベント開催

横浜レゲエ祭を野外に移して、1万人規模に拡大することには、もちろん不安もあった。予算の桁が一気に膨らんだ。それまで開催してきたCLUB24とかベイホールは、言ってもライブハウス。ベイホールは2、3000人規模のハコだけど、野外の何もないところにステージを立てて、1万人規模のライブをやるのと比べたら予算は低かった。

だから八景島で開催するにあたって、見積もりを見たときは、メンバーも「これ、どうするよ……?」って雰囲気だった。でも俺は不安より期待のほうが断然大きかった。

メンバーには「失敗したらマグロ漁船乗ろう。10人で半年乗って、ひとり300万円稼げば返せる額なんだから」って伝えた（笑）。当時の予算規模は、いってもそのくらいの金額だったからね。

それに、さすがに入場者ゼロということはないと思っていた。

ただ、俺らはもちろん、KMミュージックも野外で1万人のイベントなんてはじめて。ぴあとかローチケみたいなシステムでの前売りはほぼなかったし、発売の当日まで売れ行きの予測もできない。だからすごいギャンブルをしている感覚があった。

宣伝も仲間内が中心。フライヤーを作って知り合いのお店に置いてもらって、ポスターを貼って

2003年、八景島シーパラダイスで初の野外開催（1万人）

回る。貼っちゃいけない場所に貼っちゃって、警察に呼ばれたこともあったな（笑）。とにかく口コミで広めるのが俺らのスタイルだった。

先行販売で半分のチケットを売り出したときはドキドキだったけど、それが10分でソールドアウトした。この時から「1万人も全然いけるんじゃないの？」って手応えが俺らには生まれた。当日も、日本人のレゲエ・アーティストだけの1万人の野外ライブはお客さんにとっても初体験だったから、めちゃくちゃ盛り上がった。気温30度以上の炎天下だったから、お客さんこそ「Nuff respect!」って感じだね。

翌年は新港埠頭に移って、観客も2倍の2万人になった。2003年から横浜レゲエ祭のDVDも出すようになって、当時多くの人に見られるようになっていたスペースシャワーTVも興味を持ってくれるようになった。TOWER RECORDやHMVも夏になるとジャパニーズ・レゲエを中心としたコーナーができて、横浜のTOWER RECORDやHMVはMIGHTY CROWNファミリーの大きなコーナーも作ってくれた。知名度の上昇を実感するようになった時期だった。

でも横浜レゲエ祭には、相変わらず大手のスポンサーなんかいなかったし、お金は知り合いが少し出してくれるレベルだった。何千万と出資してくれるスポンサーの話もあったけど、「流行りだからって外の人に便乗されるのは嫌だな」って断っていた。いま考えれば受けておけばよかった話もいろいろあるな（笑）。

もっと上手いやり方はあったと思う。でも、自分たちのブランドで、自分たちの力だけでこんな

2004年、みなとみらい新港埠頭で2万人動員

大きなイベントをできるぜというのを見せたい気持ちがあった。

「みんなもやったほうがいい」レゲエフェスが日本で拡大

日本人アーティストだけで野外のレゲエの大型イベントを成功させたことは、国内のレゲエシーンへの影響も大きかったと思う。

俺とSAMIは他のエリアの連中を「野外でやるとめちゃくちゃ盛り上がるから、絶対にやったほうがいいよ」と口説いて回った。野外は天候のリスクもあるし、最初に挑戦するのは確かに怖い。でも、そんなの気にしてたらいつまでもはじめられないから、それを説得して回った形だった。そして翌年以降は大阪のMIGHTY JAM ROCKが主催するハイエストマウンテンも野外に出て大型のイベントになったし、各地にボンボンとレゲエの野外フェスが増えていった。

俺らが横浜レゲエ祭のブランドを全国各地に持っていけば、利益を独り占めできたかもしれない。でも、別のエリアで横浜レゲエ祭のようなことを俺らができるかというと、それは難しいし、「同じことを別のエリアのみんなもはじめて、シーンを盛り上げてほしい」と思っていた。

あとMIGHTY CROWNは、こうやって横浜レゲエ祭を大きくしながらも、サウンドクラッシュでは毎年海外に出て、世界のトップサウンドと戦ってたから、正直余裕がなかったのもあった。

異例のスタンディングで3万人超えの横浜スタジアム開催

レゲエ祭は野外に出たあともさらに大きくなっていった。新港埠頭でも2年連続で2万人の集客を達成できた。

そして翌年の2006年に、いよいよ横浜スタジアムでの開催。アーティストが主催者で、ほぼスポンサーもいない状態で横浜スタジアムでイベントを開催するのは、かなり珍しいことだったと思う。

横浜スタジアムでの音楽イベントでは、アリーナ席にも椅子の設置が求められていた。サザン・オールスターズもTUBEも椅子を置いてライブをしてたんだよね。結局はみんな立ち上がっちゃうんだけど（笑）。

でも俺らは椅子なしでイベントをしたかったから、KMミュージックが管轄の消防とも話をつけたうえで、スタンディングで開催した。それを見てほかのアーティストたちも、「あれ、椅子なしでもいけるのか」って気づいたみたいで、いろんな人たちがスタンディングでライブをするようになった。

俺らは横浜スタジアムでも5回イベントをしてきたけど、「今まではダメだったこと」をいろいろ可能にしてきた。裏方の動きもすごくて、俺らの会社のスタッフの小松っちゃん、ジュリアン、当時働いていた中村とかがめちゃくちゃ頑張ってくれたから、イベントは無事に開催できたし、俺とSAMIも安心して海外に行くことができた。

ちなみに横浜スタジアムの当時のキャパはマックス3万人。これは今だから書ける話だけど、ぶっちゃけ横浜レゲエ祭は3万人を少し超えていた年もあったと思う。「あの客の入り具合、絶対に3万人超えてるだろ！」という疑惑は出回っていたらしくて、プロモーターの社長がスーツの集団20人くらいを引き連れてやってきて、「日本野鳥の会」みたいに手動でカウントしてたこともあった（笑）。でも何万人なんて人数はさすがにカウントできなかったみたいで、途中で断念してたね。そのあとも「イベントの映像をよこせ」って言われたりしたけど、結局は何事もなく終わったな。

ちなみに横浜レゲエ祭にブッキングしたアーティストは、俺らが「この人ヤバいな」と思った人で、実際に関係性があった人。レゲエ以外の分野でも、クレイジーケンバンドとかRHYMESTER、OZROSAURUSには自分たちから声をかけて出てもらった。逆にレゲエでかなり売れていても、フィーリングとか人間性が合わないなと思った人は呼ばなかった。「絶対に盛り上げるんで出してください！」みたいな売り込みは山ほどあったけど、断ることのほうが多かった。

あと、優勝したアーティストやダンサーが出場権を獲得できる「Road to 横浜レゲエ祭」という

2006年、念願の横浜スタジアム

コンペティションも開催してきた。

若いアーティストは優勝へのモチベーションはめちゃくちゃ高かったと思う。横浜レゲエ祭に出られれば、それまで無名だった奴でも、それから1年間のレゲエフェスのブッキングが全部決まるような状況があったから。そこからは本人の実力次第で、残る人も消える人もいたけど、「俺は横浜レゲエ祭のステージに立ったんだぜ！」というのは一種のステータスになってたと思う。

水着女子やキャバ嬢が集結。夏の風物詩に成長

1995年の150人程度のイベントからはじまった横浜レゲエ祭は、1日で3万人を集める巨大イベントになった。横浜スタジアムでは2006年～2009年と、2011年の計5回開催した。そうやってイベントが大きくなる過程では、お客さんの層も変わってきた。

もちろん1995年の第1回目に来ていた人たちも、半分くらいは通い続けてくれていると思う。でも人って不思議で、インディーズのときは熱心に応援してくれていた一方で、メジャーに行ったら「何か変わっちゃったな」って離れていく人が一定数いるんだよね。

イベントが大きくなると、そういう人が出てきちゃうのはわかる。でも俺らは、レゲエのシーン

を広めて、この音楽が多くの人たちの身近なものにしたいという思いが強かった。

レゲエは日本人の日常生活で流れている音楽じゃないし、世間的なヒット曲もほぼ出ていない。もちろんラジオとかで流れることはあるし、今はYouTubeでもサブスクでも聴くことができるけど、自分から掘りにいかないと聴くのが難しい音楽だと思うんだよね。これは日本のブラックミュージック全般に言えることだと思う。

でも横浜レゲエ祭が大きくなる過程では、それが少し変わってきた手応えがった。

野外に出て2年目、みなとみらい新港埠頭で2万人が入ったあたりからかな。今まで見なかったような雰囲気のお客さんが増えてきたんだよね。特に女の子で。

これは俺の個人的な感覚で、いろんな社会の状況、家庭の事情が関係しているんだろうけど、女の子のファンは3～5年でシーンからいなくなっちゃうことが多い。結婚したり、子どもが生まれたり、新しい彼氏ができたりとか、いろんな変化が理由だと思うけど、ガッと3年くらい燃えに燃えていなくなっちゃうパターンが多かった。もちろん10年以上、横浜レゲエ祭に通い続けてくれている女の子もいたけどね。

それと比べると男のファンは、10年以上ずっと応援してくれている人が多い。それは俺らが男だから、同性のファンのほうが残りやすいっていうのもあるかもしれない。あと結婚して子どもができたりすると、男は外に出られるけど女は家庭を任されちゃって出られない……って状況もあるんだろうなと思う。

そういう話を踏まえたうえで、やっぱり横浜レゲエ祭が数万人を集めていた時期は、「その時期だけイベントに来ていた女の子たち」がすごくたくさんいたと思う。だから横浜レゲエ祭は、一部の男たちにとっては「カワイイ女の子もたくさんいるから遊び行こうぜ！」みたいなイベントになってたと思うよ。

実際、ビキニみたいな服装で踊っている女の子も結構いた。「レゲエ＝夏＝水着」みたいなイメージがある日本人もいそうだし、まあ男が集まる理由もわかる。横浜スタジアムや横浜赤レンガ倉庫でやったときは、周辺の住民のあいだで「新しいプールでもできたのかね？」って不思議がられていたらしい（笑）。レゲエの一大イベントであると同時に、一種の横浜の夏の風物詩みたいになっていたと思う。

あと象徴的なのは、横浜のキャバクラとか夜のお店の女の子のあいだで、当時レゲエがめちゃくちゃ流行ってたっていうこと。今は夜の街で人気の音楽はヒップホップで、「BAD HOPかっこいいよね」みたいな女の子は多いと思うけど、あの時代はそれがレゲエだったんだよね。「キャバクラでレゲエの話をするとモテる」って言ってる奴もいたし、そこで働く女の子たちも「行きたいけどチケット取れなかった」って言ってたからね。その当時の横浜界隈のキャバクラの女の子の半分は、1回は横浜レゲエ祭に来てたんじゃないかな。

後日談として聞いて、笑いつつちょっとムカついたのが、「俺、MIGHTY CROWNの知り合いだから」って嘘をついて遊んでる奴がいたって話。あと地方には「MIGHTY CROWN」って名前のキャバクラもできていたらしい（笑）。

そういうお客さんが増えることとは、賛否両論があった。最初の頃は俺らの周りにも「こういう奴

当時の横浜レゲエ祭ギャル

らには来てほしくねえな」と言ってる人がいた。でもイベントを大きくするってことは、これまでは繫がっていなかった人たちを繫げて、その人たちをシーンに巻き込んでいくってこと。その過程では、新しい層のお客さんが来るのが当然だし、出演者の一部が嫌がるようなお客さんが増えたってことは、それはイベントがデカくなった証拠でもある。そして、そういうお客さんも楽しませるのが、俺たちの役目だと思っていた。

でも俺にも「横浜レゲエ祭はこういう感じでいいのかな?」という迷いや葛藤はあった。曲をかけたときの反応も以前とは変わってきてたからね。

アリーナの最前列近くにいるお客さんは、やっぱり熱いファンが多くて、世界のシーンで今イケてる曲をかけても反応をしてくれた。でもスタジアム全体で見ると、やっぱりジャパニーズ・レゲエのほうが盛り上がるんだよね。2003~2007年ぐらいは、まだウェイン・ワンダーやショーン・ポールの国際的ヒットがあったし、T.O.K.なんかも人気だったから知っている人も多かったけど、盛り上がるのは日本語の曲。やっぱり言葉が直に伝わるのは大きかったと思う。俺らが2001年にLIFE STYLE RECORDSを立ち上げたのもそれが理由だったたし、イベントの現場でもそのことが実感できたのは大きかった。

一方でお客さんが数万人レベルになると、「この曲は絶対にアガるでしょ」って曲が無反応なこともあった。定番の曲を知らない人も増えてきた。だから、俺たちの好きなカルチャーが本当に伝わっているのかな……という不安はあったし、「これじゃ俺たちのはじめたレゲエ祭とは違うじゃん」という感覚もあった。

でも、何年も通っているあいだに、レゲエを好きになってくれたお客さんも確実にいたと思う。だから俺らは定番の曲は根気よくかけ続けた。定番の曲は、やっぱりかけ続けることで定番になってくからね。一部のコアなファンからは「また同じ曲かけてるよ」って言われたけど、お約束の曲を作って、みんなで盛り上がるにはその作業は必要なこと。毎年その時期の流行りの曲だけを流してたら、お客さんも定着しないと思っていた。

もちろんコアなお客さんたちも俺らは大事にしたいと思っていた。だから横浜レゲエ祭では、アフターのイベントとしてサウンドシステムが集まる「サウンドナイト」ってイベントも開催していた。また別のイベントで「BACK TO THE HARDCORE」をテーマにレコードオンリーでゴリゴリ本場の曲だけを流したりして、バランスを取っていた。

そして「日本人だけのイベント」として続けてきた横浜レゲエ祭も、海外のアーティストを招聘するようになった。それはダンスホールとかジャマイカのことを知らないお客さんが増えたから、「やっぱり本場を体感してもらいたいよね」と思ってはじめたことだった。

横浜レゲエ祭では、そうやって新しい試みをいろいろしてきたけど、イベントが大きくなるといろんな人からいろんな要望が届くようになって、すべてに応えることが難しくなってきた。ひとりの意見だけを採用すると、イベント全体が悪い方向に向かっちゃうこともあるからね。だから俺たちは「来てくれているお客さんにとって何がベストか」ということをすごく考えてきた。

予算は億超え。レゲエ祭の大型化で得た本当の財産

横浜レゲエ祭は興行としても大変な仕事だった。規模が大きくなるにつれて、かかる費用もどんどん増えていったから。野外に出てからは予算は数千万単位になり、横浜スタジアムではそれが億を超える規模になっていた。

予算を抑えて開催する方法はいろいろあっただろうけど、俺らはステージについては実現したいことがたくさんあった。

MIGHTY CROWNはサウンドシステムで、音へのこだわりは強い。だから、「誰も入れたことないけど、このスピーカーを入れてみよう」みたいなアイデアもどんどん湧いてきたし、ステージ自体にもこだわって、フジロックのホワイトステージと同じものをオーストラリアの倉庫から運んで入れていた。何年間かはフジロックと同じステージを共有してたんじゃないかな。

「めちゃくちゃ儲かったでしょ?」と聞かれることもあるけど、俺らはイベントにお金をすごく使ってたから、大金が残ったわけじゃない。横浜スタジアムで開催していた時期も含めて、赤字の年もあったからね。

でも横浜レゲエ祭は、みんなの人生の1ページの記憶として残るイベントになったと思うし、そ

れは俺たちの財産にもなっている。今でも10年前や20年前の横浜レゲエ祭のことを「あの時さぁ」って楽しそうに話す人は演者にもお客さんにもたくさんいるから。

また横浜レゲエ祭が95年から10年、20年と続いていくなかでは、お客さんも同じだけ歳を重ねていった。最初はヤンチャな高校生や大学生だった人も、10年経ったらみんな普通に働いてるし、結婚している人も多くなった。そのなかには、企業でいいポジションについたりして、俺らの活動をサポートしてくれる人も出てきた。俺らがサウンド活動休止に際して行う今年のレゲエクルーズには、横浜レゲエ祭に通っていた人たちの子どもで、10代や20代になっている人も、親と一緒に来てくれる。

そうやっていろんな人たちとの交流が今も続いているから、横浜レゲエ祭について後悔はひとつもない。ホントに「やってよかったな」って思えることばかりなんだよね。

続けられたなかでの「やめる」という決断

横浜レゲエ祭は、開催をしなかった年や、代わりに別のイベントをやった年もあったけど、1995年から2017年まで続いてきた。野外に出てからは川崎で開催した2013年に豪雨だったときが一度あったけど、ほかは問題なく開催できる感じの雨だったたし、天候にも恵まれていいイベントを続けてこられた。

でも東日本大震災のあった2011年頃から、俺らの思い描くイベントが開催しづらい状況が生まれつつあった。横浜スタジアムでの開催もいろんな事情で難しくなり、赤レンガ倉庫も周辺にマンションや商業施設が増えたことで、開催の許可が下りなくなった。

「横浜」「野外」という俺らの大事にしている条件が難しくなったときは、「やるの？ やらないの？」っていう議論も出てくるようになった。それで川崎に移って開催したり、横浜に戻ってパシフィコ横浜で開催したりしたけど、やっぱり野外での開催を求めているお客さんも多かった。

一方で俺らの中でも、横浜スタジアムで5回のイベントを開催したことで、「また横浜スタジアムに戻るのはどうなの？」っていう声もあった。2010年に赤レンガ倉庫に移った時点で、俺らは「自分たちのやってきたことを一度壊して、イチから作り直そう」ってことで、「破壊と再生ZERO」をイベントのテーマに掲げたりもしていた。

そして現状最後の開催となっている2017年の数年前から、「そろそろやめどきかな」と考えていた。

イベントをはじめた当初や、はじめて野外に出たときのような初期衝動はなくなっていたし、場所についても自分たちの理想は実現しにくくなった。そしてさっき書いたように、お客さんの層も徐々に変わってきていた。

日本の音楽シーンも変わっていた。横浜レゲエ祭が野外で1万人を集めはじめたころは、まだ都市型フェス自体がなかったし、都会のど真ん中での開催した点では、俺らは先駆者だったと思う。それが2010年代後半になると、いろんな音楽フェスが日本にはできてたからね。

パシフィコ横浜の観客席で盛り上げるSAMI（横浜レゲエ祭2017）

そんななかで、数万人規模のイベントを何年も続けるのって、やっぱり簡単なことじゃない。ロックやJ-POPのジャンルでも、大規模なライブをずーっと続けられているのはサザン・オールスターズとか本当に一部のアーティストだけだし、特定ジャンルのアーティストで、何十年も数万人レベルのイベントを続けてる人はほぼいないと思う。

そして俺は「自分たちの思い描くイベントにならないのに、無理やり続けることに意味があるのかな?」と考えるようになった。モチベーションがないのに、ただのルーティーンで開催していたら、イベントの熱量は上がらないし、お客さんも集まらない。もちろん「それでも続けてほしい」という声はいろんな人たちからもらっていたし、レゲエシーン全体のことを考えて続けるという選択肢もあったと思う。でもひとつの決断で10人中10人を納得させることはできないし、俺らには他にもやりたいことがたくさんあった。

そして俺は「自分たちがやりたいことをやること」がいちばん大事だと思っている。そうしないとお客さんに伝わるものも伝わらなくなっちゃうから。

もちろん「続けることに意味がある」という考え方もあるし、続けることの美学もある。ボロボロのベテランボクサーみたいに、負けても負けても戦い続けて、立ち上がり続けるのもかっこいいと思うよ。でもそれは人の考え方次第。

俺の場合は「全然まだ行けるぜ!」っていう余力のあるときにやめるのがいいと思っている。そうやって続けてきたことをやめて別のことをはじめるのって、保証がないし勇気がいるんだけど、やっぱり面白いんだよね。

ＭＩＧＨＴＹ ＣＲＯＷＮのサウンド活動休止にも、いまの話と同じような理由がある。もちろんこのまま普通に活動を続けていれば、何不自由ないそれなりの生活をできると思うんだけど、「それでいいのかな？」っていう疑問が俺にはあった。

Ｎａｓも出演。東日本大震災のチャリティをＮＹで開催

横浜レゲエ祭以外の活動で、ここ10年くらいで特に重要なことについても少し触れておきたい。

まず２０１１年の東日本大震災は、俺らにとっても衝撃的な出来事だった。震災直後の３月の終わりから４月の頭には現地に物資提供に行き、ガレキ撤去や炊き出しの活動を続けてきた。横浜からは車で３、４時間で被災地に行ける距離だし、行政の動きが遅いなかで、被災地でローカルで活動してきた知り合いとかが早い時期からガッツリ動いていたから、そこに物資やお金を渡したこともあった。

そのほか、活動を通じても支援に取り組んできた。

まず３・11の数週間後にはアメリカに飛んで、ＣＨＩＮと話し合ったうえで、レゲエの老舗レーベルＶＰレコードにも協力してもらって『Reggae 4 Japan』というイベントをニューヨークで開

催した。完全に無償で収益も全額寄付するチャリティー・コンサートで、ダンスホール界の超大物のシャバ・ランクスが出たり、ダミアン・マーリーがラッパーのＮａｓを連れてきたりして、すごいメンツのイベントにすることができた。

Ｎａｓと共演と聞いて驚く人もいるかもしれないけど、俺らは海外の大きな舞台でビッグアーティストと共演することも増えていた。たとえば２０１２年にニューヨークでオープンしたばかりのバークレイズ・センターのチャリティーショーにも出演したことがある。一緒に出演したのはSlick Rick（スリック・リック）とDoug E. Fresh（ダグ・Ｅ・フレッシュ）。ＮＢＡのブルックリン・ネッツの本拠地で、出演経験のある日本人アーティストは俺らだけなんじゃないかな。

ほかにもヒップホップＤＪのレジェンド的存在のKid Capri（キッド・カプリ）やラッパーのＤＭＸとも一緒のステージに立ったことがある。Drake（ドレイク）やJustin Bieber（ジャスティン・ビーバー）のプロデュースでも知られるDJ KHALEDと一緒にツアーをしたこともあった。

あとチャリティーに関しては、俺らは横浜レゲエ祭を横浜スタジアムで開催していた頃から、幼児虐待や自殺防止の団体に寄付をしたりと、微力ながら自分たちにできる社会活動を続けていた。

ちなみに震災の直後は「ライブをやるなんて不謹慎だ」って声が世間では強かったけど、俺らには別の声が届いていた。福島や宮城にいる連中からは、むしろ開催してほしいという声が多かったし、「俺なんか家も流されてるし、音楽は残された唯一の希望だ」って声ももらった。だから２０１１年５月には、もともと予定していたベイホールのイベントをそのまま開催した。

2011年6月5日、Reggae 4 Japanの楽屋にて

ロックフェスにも出演。完全アウェイの現場にどう立ち向かうか

２０１２年ごろから俺たちはロック系のイベントやフェスにも呼ばれるようになった。最初に出演したロック系のイベントは、２０１２年５月に恵比寿のLIQUIDROOMで開催された「MOSH BOYz」。BOUNTY HUNTERのヒカルくんが主催しているパンクロックイベントで、何かで対談をしたときに「出てみない？」って誘われたんだよね。

一緒に出演したのはLAUGHIN' NOSEや10-FEET、TOTALFATといったバンド。俺もパンクが好きだったから、「LAUGHIN' NOSEと対バンなんてめちゃくちゃ面白そう！」と思って出たんだけど、もう完全にアウェイだった。

10-FEETやTOTALFATのときはお客さんもパンパンで大盛り上がりだったのに、セットチェンジをして俺らが出てくる頃には、お客さんは50人くらいしか残っていなかった。俺らはロックの世界の人間じゃないから、お客さんも興味がなかったんだろうね。

でも、俺らを知っているイベントの関係者だけは残ってて、「ＭＩＧＨＴＹ ＣＲＯＷＮ、こんな空気で何やるの？」って感じで見てくれていた。それで俺らがＰＩＳＴＯＬＳとかＣＬＡＳＨとかMINOR THREATなんかをかけたから、関係者は「なんでこんなにパンク知ってるの⁉」って感じ

で驚きながらブチ上がってた。お客さんは戻ってこなかったけど、関係者の反響はすごくて、誰かがブログに「ノーマークだったMIGHTY CROWNがぶっちぎりでヤバかった」って書いてくれていた。

2012年の夏には「男鹿ナマハゲロックフェスティバル」にも出演した。湘南が拠点のロックバンドで、前から知り合いだった山嵐の武史が、「MIGHTY CROWNがこういうイベントに出るのってアリですか?」って誘ってくれたのがきっかけ。イベント全体の来場者は2000人くらいいたと思うけど、俺らの出番のときに待っていたのは50人くらい。でも同じようにパンクやロックをガンガンかけて、MCでどんどん煽って最終的には会場を満員にした。

はじめての野外ロックフェスだったけど、MOSH BOYzの経験もあったし、何より俺らには海外のサウンドクラッシュで揉まれてきた経験があったから、正直客を沸かせる自信はあった。俺らは海外でずっと「こいつら誰?」ってお客さんを前にして、「どう転ぼうと爪痕だけは残してやる」って精神で戦ってきたからね。

2012年には宮城県で開催された『AIR JAM』にも出演した。Hi-STANDARDが主催する『AIR JAM』は2011年にも復興支援の目的で横浜スタジアムでイベントを開催していて、そのときの打ち上げに参加したときにナンちゃん(難波章浩)に『出てほしい』って声をかけてもらっていた。

そして俺らはロックフェスにも「ダブ」のカルチャーを持ち込むようになった。最初にダブを録ったのはBRAHMANの『ANSWER FOR…』。当時の音楽シーンでは脱原発のムーブメントが大きかったから、MONGOL800の『小さな恋のうた』のダブを録って、「No Nukes」ってフレーズも入れたこともあった。

そのあとBRAHMANとは一緒に公演もやってきたし、復興支援を通じて同じ考えの人たちとつながることもできた。モンパチがやっている「What a Wonderful World!」って沖縄のフェスにも毎回呼ばれるようになった。そうしたジャンルを超えた人間関係も、俺らの大きな財産になっている。

サウンドクラッシュの進化と現在地

（COJIE）


サウンドクラッシュの歴史の「その後」についても書いておきたい。90年代後半から2000年代初期は、サウンドクラッシュが盛んに行われていた。サウンドダイナソーといわれるサウンドクラッシュ界の巨人、Killamanjaro、Bass Odyssey、トニー・マタランなどが活躍した時代。

そしてCHINがはじめたワールドクラッシュは重要な大会であり続けた。2022年で最後になったけど、それは「ワールドクラッシュがピークをむかえて一定の役割を終えた」ということなのかもしれない。世界的にも、若い世代のサウンドはサウンドクラッシュに対する興味も薄れてきてるとも聞くし、一回リセットするタイミングだったんだろうね。サウンドクラッシュをまた盛り上げるには、新しい若手のサウンドが参戦しやすい状況を作るのも大事かもしれない。

これからのサウンドクラッシュに必要なもの

サウンドのシーンの変化については、俺も思うところがある。

海外の人たちからよく言われたのは、「ＭＩＧＨＴＹ ＣＲＯＷＮはサウンドクラッシュの世界のラストモヒカンだった」ということ。「モヒカン」っていうのはネイティブ・アメリカンのモヒカン族のことで、簡単にいえば「部族の最後の生き残り」みたいな感じなのかな。

90年代まで有名だったサウンドは、デヴィッド・ロディガンが例外的にいたくらいで、ほぼすべてがジャマイカ人のサウンドだった。俺らはそのジャマイカンを中心としたサウンドクラッシュのオールスター・リーグに最後に入って、今でも生き残っている存在。俺ら以降にそこに入ってきた大きなサウンドはいないし、「ＭＩＧＨＴＹ ＣＲＯＷＮの下の世代が出てこなかった」ということなんだと思う。

また、今もクラッシュの世界でスペシャルが重要なのは変わらないけど、２０００年代後半くらいからは、特に海外のダンスではダブの重要性が薄れていく流れがあった。一昔前はダンスでもダブをかけるのが当たり前で、ダブをかけてこそ盛り上がる場面もあったけど、「そういう別アレンジはいいから、流行りの曲をそのままで聴かせて！」みたいな空気がダンスでは強くなってきた。

というのも、クラッシュ向けに用意したダブには「俺らが最強だ」みたいなセルフボーストの歌詞とか、相手をけなすための殺しネタの歌詞とかも多い。でも、ダンスに遊びに来ている女の子とかはそんな曲は聴きたくないんだよね。

そういう状況もあるから、俺らも昔ほどダブ録りをしなくなったし、そこにかけるお金も少なくなった。ネットのやりとりだけでリクエストしたダブを受け取ることも可能になったし、今はダブを集めてセレクターを名乗るハードルは低くなってると思う。

そうやってハードルは下がっても、どの曲のどの部分でどんなダブを録るかは、その人のセンス次第。だからお金や手間の必要性が薄れたぶん、よりセンスの勝負になってきたとも言えるし、これから挑戦するにも面白いジャンルだと俺は思っているよ。

11章 サウンド活動休止と新たな挑戦

枠の外で考え、暗黙の了解を崩す。活動休止もそのひとつ

サウンド活動休止の理由について、ここでも少し書いておこうと思う。

2022年の俺らはJAMROCK Reggae Cruiseに呼ばれて、90年代～2000年代前半をテーマにしたパーティーをして、最終日に「MIGHTY CROWN Farewell (Meet & Greet)」というお別れ会のようなサイン会的な催しをしてもらった。過去のクルーズでもない異例のイベントだった。サウンドクラッシュを開催していたかなり広い部屋に、「コレ入りきれないでしょ！」ってくらい人が来てくれて、「活動休止マジで考え直してよ」「どうしてくれるんだよ？ 俺らのこの気持ちは」といった熱い言葉もたくさんもらった。

たぶんレゲエとかダンスホールの世界で、ワールドワイドに活動するアーティストやサウンドで、「活動休止します」なんて言ったのは、俺らがはじめてだったと思う。日本では活動休止を発表する習慣が割とあるかもしれないけど、海外では少しずつフェードアウトしていく人が多いからね。海外ではあまりないから、「MIGHTY CROWNはリタイアする」って広まっているみたい。まあ本当に1回辞めるわけだけどね。

でも、そういうアツい声をもらったことで、ジャマイカ人が中心にいて、日本の俺らにはヘイタ

MIGHTY CROWN お別れ会 (JAMROCK Reggae Cruise 2022)

ーも多いこの業界で、自分たちはいろんなことを成し遂げてきたんだなと改めて実感できた。

ＭＩＧＨＴＹ ＣＲＯＷＮというサウンドは、ずっとこのスタイルでやってきて、世界中を回らせてもらった。憧れで夢だったワールドクラッシュのタイトルをはじめ、世界タイトルと呼ばれるタイトルは全部獲ったし、戦いたい人たちとも全員戦って倒してきた。

サウンドとしてやりたいことはすべて実現できたとなると、活動を続ければルーティン化していくことは今後さらに増えるだろうし、「はたして今のままでいいのか」というのは自分たちの中にあった。

活動休止というのは、すごく大きな変化だと思う。そして、変化を嫌う日本人には、今の俺らと同じ状況で、この選択をする人は少ないかもしれない。日本は「右へならえ」の国。みんなと同じような活動を続けるのが安全と思う人が多いからね。

でも、俺らもときには変化がほしい。あえてサウンド活動を休止することで、また違う、新しい表現を模索できるんじゃないかという期待感もある。だから今の気持ちは横浜レゲエ祭をストップしたときと似た部分があるかもしれない。

でも、そうやって他の人たちがしない新しい動きをすると、心配する声や反発する声は絶対に湧いてくる。俺らはサウンドクラッシュの世界でもご法度とされるソカをかけて、反発を受けながらもそれをシーン全体に定着させた経験があるから、そのことはよくわかってる。

俺らは常に「枠の外で考える」という作業を続けてきた。「こうしなきゃいけない」という暗黙の了解も突き崩してきた。だって、そういう「よくわからないけど存在しているルール」って、あるだけで息苦しいから。そして、その枠内にとどまってると楽しいことも楽しくなくなっちゃう。だから常に変化をしていたいという気持ちが俺にはある。そして「サウンドとしてやりたいことはほぼ実現できたから、次のステップに行きたい」というのが活動休止の理由のひとつだね。

この活動休止の件は、CHーNに話したときにも納得してもらえた。やめたほうがいいとかは一切言わず、「たしかにいいタイミングかもね」って反応だった。

「じゃあ次のステップって何なの？」って言われたら、まだわからないし、俺らの未来に何の保証もない。でも、そういうチャレンジも面白いなと思う。もしかしたら、ぜんぜん違う活動をしているかもしれない。実際に活動休止に入ったら明確に見えてくるものもあると思う。

音楽のシーンでも他のどんな仕事でもそうだけど、トップに立ってシーンを動かすのは年長者ではなく、そのときにいちばんイケてる奴であるべきだと俺は思う。もちろん年齢は関係ないし、実力があれば何歳でもシーンを動かすことはできるけど、シーンに革命を起こすのはやっぱり10代、20代だし、それを伸ばしていけるのは30代、40代、50代っていう構図はあるからね。そのなかで、尊敬できる先人がいればリスペクトをすればいいと思う。

活動休止は「次なる刺激を求める旅」（SAMI-T）

そう提案するに至った理由のひとつは、SIMONも書いたように活動のマンネリ化。40歳を過ぎたころから、俺は「MIGHTY CROWNではやりたいことは全部やってきたな」と感じるようになってきた。ぜいたくな話だけど、毎年のように海外ツアーに行くのも当たり前な感じになってきていた。人間って慣れてくると、どんなにすごいことでも刺激が薄れてくるんだよね。

ここからまた刺激を求めて、新しいチャレンジをするためには、ずっと同じ形で活動を続けるよりも、当たり前に感じていることを一度リセットして、サウンド活動は休止してもいいんじゃないか。そう思った。そしてSIMONも「それもアリだな」という反応だった。

そして歳を重ねてくると、ショーのなかで感じることも変わってきた。昔からのダンスホールとかサウンドのやり方で、客のお姉ちゃんをいじったりしていても、「これって40や50の人間がやることか？ 若い奴がやるべきなんじゃないか？」と考えることも出てきたんだよね。パトワにはえげつない表現も多いし、俺たちがかける曲のリリックにもそういう雰囲気のものは多いからね。

だから俺らが最前線で戦うよりも、「次のMIGHTY CROWN」を生み出すために、自分たちの経験を生かして援護射撃をするのもいいかもなと考えるようになった。プロデュースワーク的なことは今もやっているし、もう少しそこを強化したいと思っている。

あとはレゲエという音楽を、ヒップホップとかEDMと同じくらいメジャーなものにしたいとも思っている。これは90年代からムカついていることだけど、ヒップホップ、ハウス、ジャズ、ロックとかの新譜は雑誌でもカラーページで紹介されているのに、レゲエは白黒ページ。ワールドミュージックのひとつのように扱われていることも多かった。

俺は世界で活動するなかで、レゲエを好きな人が世界中にいることを体感してきたし、そこでいろいろな人たちとつながってきたけど、今もこのジャンルの評価は低いままだから、それを上げていきたい気持ちもある。MIGHTY CROWNとしても、そういう役割を担うべきステージに来ているとも感じている。

今回の休止は、次の違う刺激を求める旅に出る感覚かもしれない。これからMIGHTY CROWNというサウンドシステムのくくりを外して、より大きなことにもトライしたいと思っているし、FAR EAST REGGAE CRUISEはそのひとつと言えると思う。

SIMONとSAMIの「身近にいる世界一のファン」

(COJIE)

MIGHTY CROWNは世界のトップリーグで20年以上戦い続けて、そこで結果を残し続けてきた。そのうえで高いモチベーションを保ち続けるのは大変なことだし、一度休止するという決断も納得できる。

ノンジャマイカンのサウンドとしてクラッシュの最前線で音楽を武器に戦い、人種の壁とも戦ってきたふたりに最大限のリスペクトを示したいと思う。

俺はメンバーでありながら、自分が「身近にいる世界一のファン」みたいな存在でもあると思っている。MIGHTY CROWNの活動に加わったのも、根底には「単に俺がふたりのファンだったから」という言い方ができるかもしれない。

MIGHTY CROWNはレゲエの歴史、サウンドシステムの歴史に残るサウンドだと思っている。ジャマイカ人以外のサウンドに対してドアを開き、いろんな壁をブチ壊してきたことも大きな偉業だった。

そして俺らメンバー4人は、持っているものや音楽の趣味や得意分野がひとりひとり全然違う。その4つの個性が合わさってひとつのサウンドシステムになっているのは、MIGHTY CROWNの強みだと思っている。活動休止は寂しいことだけど、また新しいCROWNの形に期待したい。

個人としてはまだまだSCORCHER HI-FIの音楽活動や、ソロのセレクターとしても活動を強化したいと思ってる。ルーツ、ダブ専門のレーベルSCORCHER HI-FIのほうでも、サウンドシステムカルチャーを広めるためにも活発にリリースしていきたい。

「挑戦しないこと」のほうが負け。クルーズ開催の理由

活動休止前の最後のイベントが「FAR EAST REGGAE CRUISE 2023」。この豪華客船を使ったレゲエクルーズについては、自分たちが何よりワクワクしている。

最後の舞台はどこにするかとなったとき、本当に最高の舞台になったと思う。俺らはいろいろな経験をしすぎちゃって、少しのことじゃ刺激を感じなくなってるんだよね（笑）。「最後のイベントはパシフィコ横浜で5000人集めてやりましょう！」って言われても「はぁ」って感じになっちゃうから。

でも今回のクルーズは違う。俺らをずっと応援してきてくれた人にとっても集大成の場になると思う。

今回のクルーズは、12歳以下の子どもは無料に設定しているから、昔からの俺らのファンの人たちも自分の家族と一緒に楽しめると思う。海外旅行に行くのに無料ってまずない話だし、豪華客船クルーズという形態は家族で楽しみやすいものだと思う。

音楽イベントの好みは人それぞれだと思うけど、今回のクルーズは「みんなが楽しめる形」を目指した。「横浜レゲエ祭みたいに野外の形態でバンドショーみたいな形がいい」「クラブの空間みた

いな雰囲気がいい」「ゴリゴリのサウンドクラッシュを見てみたい」「大人だけが入れるラウンジのパーティーを楽しみたい」「子どもと一緒にショッピングモールで見られるようなイベントがいい」といった要望に応えられるイベントがそれぞれ揃っている。だから家族連れだけでなく、野郎同士でも女同士でもひとりでも楽しめるクルーズになっていると思う。

なおかつ船にはプールもあって、済州島でカジノしたい人はカジノも楽しめて、熊本にも立ち寄れちゃう。音楽を中心にこんなにたくさんのエンターテイメントを楽しめるイベントって、たぶん日本にはないと思うよ。

海外旅行好き、レゲエ好き、ヒップホップ好き、フェス好き、クラブ好き。どれか一個好きだったら、確実に人生観変えられる自信がある。そうした自信がありつつ、「コケたらコケたで仕方ないし、やりたいのにやらない奴がいちばんの敗者だ」と俺はやっぱり思ってる。

そして、これが成功したときには、俺たちはハッピーな気持ちになれるし、その先の人生に対しても大きなエネルギーを得ることができる。レゲエ祭と同じく、クルーズは一生の思い出に残るものになると思うし、このクルーズに乗った人は、たぶん死ぬまでその体験を話せると思う。

ちなみに日本では過去に2、3回、音楽クルーズにチャレンジした人たちがいたけど、集客に失敗して上手くいかなかったし、ここまでの規模は過去になかった。だから今回のクルーズは日本のミュージック・クルーズの実質的な第一弾。これが上手くいったらJ-POPもみんな同じことをして、ここでファッションショーとかゲーム大会、格闘技をやったりとか、いろんなことをやり出すと思うよ。

サウンド活動休止ラストとなるFAR EAST REGGAE CRUISE 2023

ただ、「1回目」というのはなんでも難しい。特に日本は同調圧力の国であり、「誰かが成功するまでは様子見する」という国だから、誰かが新しいことをはじめても、海外みたいな熱狂は生まれないんだよね。

何か新しいもの、珍しいものを「いいね！」と言ってくれる人より、「大丈夫？」と様子見る人のほうが多いから。

でも、そうした雰囲気も世代とともに少しずつ変わってきていると感じる。

若い世代には、前例なんかなくても「面白そうじゃん！」と素直に反応してくれる人もいる。あとMIGHTY CROWNはこの10年くらいで、レゲエ以外のジャンルの人たちや、アーティスト以外の業種の人たちともリンクをするなかで、絶対に意見が合わないと思っていた人たちと意気投合できることもあったし、そうした出会いのなかで新しい何かを切り開きたい気持ちも湧いてきた。

今回のクルーズも「コケたらコケたで仕方ないし、健康に生きていて命があればなんとかなる」と思ってる。「失敗することよりも、チャレンジしないことのほうが俺にとっては『負け』だし、それがいちばん格好悪いし後悔する」という思いが自分にはある。そう自分に言い聞かせ続けているところもあるね。

横浜レゲエ祭がはじめて野外に行って、八景島で開催したときのような興奮を俺らはいま感じている。お客さんも、そのときと同じ興奮を味わえると思う。

あとがき

前例がないなら自分らで作る。失敗してもいくらでもやり直せる

人生というのは、何歳になっても新しいチャレンジができるものだと思う。海外で活動をするとわかるけど、チャレンジするのに年齢なんて本当に関係ないんだよね。大人に対して「若いから」「歳だから」という理由で人の挑戦をバカにするような人はどこにでもいるけど、海外では何をするにも相手の年齢なんて日本ほど気にしない。そのあたりは世界から見て日本は遅れているのかな、というのは感じている。

「若い頃が最高で、あとは人生下り坂」みたいな考え方はホントにつまらないし、その逆に「年功序列で歳をとっている奴がいちばん偉い」という考え方もそろそろやめたほうがいい。

俺が世界で活動をしてきて感じるのは、「日本はポテンシャルがあるのに、同調圧力や遠慮でそれを活かしきれていない人が多い」ということ。この先の日本は、どんどん人口が減っていく未来が見えているし、それは成長を続けるアメリカなんかとは真逆な状況だと思う。他のアジアの国も

日本と比べて活気がすごい。だからこそ、日本人はもっと挑戦をすべきだと思う。やりたいことがあればやるべきだと思う。特に10代、20代、30代くらいなら、借金を抱えてもまだまだ返せるし、いくら失敗してもやり直せる。

そして、もっと上の世代でも実は同じことが言える。俺も2022年に50歳になったけど、まだ挑戦できることを証明したい。そしてMIGHTY CROWNの全員に共通しているのは「これ面白そうじゃね?」「実現したらヤべぇよな」というものが見つかったとき、一緒にチャレンジを楽しめるメンタリティを持っていることだと思っている。

俺らにとっては活動休止も新たな挑戦のはじまり。「FAR EAST REGGAE CRUISE 2023」も成功しようが失敗しようが、この挑戦は俺の人生の価値になる。だからやること自体に意味がある。「コケても所詮はお金が出てくだけ」くらいのマインドでいかないと、挑戦もできないからね。そんな気持ちで、俺たちは俺たちの挑戦をこれからも続けていきたいと思っている。

MIGHTY CROWN HISTORY 1991-2023

1991

横浜で結成。市内のクロスロード、ジーン・ジニーで活動をはじめる

初期メンバーはＭＡＳＴＡ ＳＩＭＯＮ、ＳＡＭＩ-Ｔ、ＳＴＩＣＫＯ、ＪＵＮ４ＳＨＯＴ、ＳＵＰＥＲ ＣＲＩＳＳ、ＪＥＦＦ ＩＲＩＥ

ＳＩＭＯＮすでにＬＡへ留学

1992

ＳＡＭＩはＮＹへ留学。同じくＮＹ留学中だったＣＯＪＩＥと出会う

横浜でサウンド活動をはじめ、大阪にも遠征

1993

ＳＩＭＯＮとＳＡＭＩ、初のジャマイカ渡航

1994

ＳＡＭＩ、ＮＹのパーティーでプレイをはじめる

1995

初のサウンドシステム完成。国内外での活動を本格化

8月、辻堂で開催されたサウンドクラッシュでBRAIN BUSTERを破る。そのテープがアンダーグラウンドで広まり、存在が注目されはじめる

8月19日、自主イベント「横浜Reggae Bash（のちの横浜レゲエ祭）」（CLUB24 YOKOHAMA）スタート。動員数１５０人

1996

ＣＯＪＩＥがメンバーとして加入

7月14日、大阪BAYSIDE JENNYでTERMINATOR、ROCK DESIRE、JUDGMENTと４サウンドでのクラッシュ

1997

結成メンバーのＳＵＰＥＲ ＣＲＩＳＳ、ＪＵＮ４ＳＨＯＴが、ＣＨＯＺＥＮ ＬＥＥとともにＦＩＲＥ ＢＡＬＬ結成

3月15日、ボストンでＬＥＧＡＣＹとクラッシュし圧勝。海外でのクラッシュが本格化

四国・九州地区をハイエースバンで横断する「火と拳」ツアー敢行

1998

4月27日、ＴＡＸＩ ＨＩ-ＦＩとのサウンドクラッシュ「ＭＥＮＴＡＬ 98」（CLUB YELLOW）で勝利

12月29日、サウンドクラッシュ「頂点」（大阪BAYSIDE JENNY）

でＴＡＸＩ ＨＩ−ＦＩ、ＴＯＫＩＷＡ ＳＴＡＲに勝利し、名実ともに日本一のサウンドに
横浜Raggae Bashは名称を「横浜レゲエ祭」に変更し7月18日CLUB24 サウンド・ナイト、7月19日 CLUB HEAVEN アーティスト・ナイト（１０００人規模）での２ＤＡＹＳ開催

1999

6月18日にボストンで行われたサウンドクラッシュ「VINTAGE WAR 2000」に勝利
7月24日・8月20日、横浜レゲエ祭をCLUB HEAVENで２回開催
10月9日、ブルックリンのWAREHOUSEで開催された「WORLD CLASH 99」でアジア人として初のチャンピオンに（♛１）
ＩＲＩＳＨ ＆ ＣＨＩＮのＣＨＩＮが海外マネージャーに

2000

本格的な海外ツアーをスタート
ビクターから『MIGHTY CROWN Tribute to VOLCANO - Henry "Junjo" Lawes』リリース
コンセプトアルバム形式のカセットテープ「LIFE STYLE」リリース
8月12日・9月8日、横浜ベイホールにて横浜レゲエ祭を開催

2001

フリーペーパー『Strive』創刊
自主レーベル「LIFE STYLE RECORDS」設立
『LIFE STYLE RECORDS COMPILATION』をアルファ・エンタープライズよりリリース
8月4日・8月25日、横浜ベイホールにて10周年イベントを開催

2002

事務所「MIGHTY CROWN ENTERTAINMENT」設立
8月3日・8月24日、横浜ベイホールにて横浜レゲエ祭を開催
ドイツ、スイス、イギリスと初のヨーロッパツアーを敢行
「UK CUP CLASH」初優勝（♛２）
ニューヨークで行われた「GLOBAL CLASH」優勝

2003

ニューヨークで行われたStone Love, Bass Odysseyとのクラッシュ「45 Shoot Out」で優勝
5月31日、川崎ＣＬＵＢ ＣＩＴＴＡで12周年記念ダンス開催
8月24日、横浜レゲエ祭、初の野外開催（八景島シーパラダイス・マリーナヤード）。約１万人動員

2004

8月28日、横浜レゲエ祭をみなとみらいの新港埠頭特設ステージで開催し、約２万人動員（翌年も同会場）

2005

ＮＹ在住のＮＩＮＪＡが加入
「UK CUP CLASH」２度目の優勝（♛３）
「WORLD CLASH ANTIGUA」優勝（♛４）

2006

8月５日、横浜レゲエ祭を横浜スタジアムで初開催。約３万人を動員（２００９年まで同会場）

NIKEとのコラボスニーカーを発売

2007

「WORLD CLASH NEW YORK」優勝（♛5）

2008

「WORLD CLASH JAMAICA」優勝（♛6）

「WORLD CLASH JAMAICA」2連覇（♛7）

2009

NIKEとのコラボスニーカー第2弾をリリース

2010

6月12日、日比谷野外大音楽堂でイベント「ZERO」開催

8月21日、赤レンガ倉庫で横浜レゲエ祭を開催

2011

MIGHTY CROWN 20周年イヤー

6月5日、東日本大震災のチャリティー・イベント「Reggae 4 Japan」をNYで開催

8月6日、横浜スタジアムで横浜レゲエ祭を開催

2012

「AIR JAM」「男鹿ナマハゲロックフェスティバル」などロックフェスへの出演開始

2013

9月8日、横浜レゲエ祭、川崎市東扇島東公園で開催

2014

ダミアン・マーリー主催のクルーズ「Welcome to JAMROCK Reggae Cruise」初参加

2015

「Welcome to JAMROCK Reggae Cruise」でのサウンドクラッシュで優勝。その後3連覇

2016

8月11日、25周年記念イベントとして横浜レゲエ祭をパシフィコ横浜国立大ホールで開催（2017年も同会場）

2018

ジャマイカで開催の「WORLD CLASH 20th Anniversarry」で優勝（♛8）

2019

12月12日、SIMONとSAMIが日本の首相官邸での食事会に招待され、ジャマイカのアンドリュー・マイケル・ホルネス首相と安倍晋三首相（当時）の前でプレイ

2021

結成30周年。サウンド活動休止を発表

2023

6月24・25日、横浜レゲエ祭が赤レンガ倉庫で2DAYS開催。横浜での野外は12年ぶり

7月15～20日、日本初の豪華客船によるミュージック・クルーズ「MIGHTY CROWN 30th Anniversary -The Final- FAR EAST REGGAE CRUISE」を実施

装丁
重実生哉

構成
古澤誠一郎

編集
圓尾公佑

協力
大城龍一
（MIGHTY CROWN ENTERTAINMENT）

写真提供
MIGHTY CROWN ENTERTAINMENT

世界《せかい》サウンドクラッシュ紀行《きこう》

2023年6月2日 初版第1刷発行

著 者 MIGHTY CROWN

発行人 永田和泉
発行所 株式会社イースト・プレス
〒101-0051
東京都千代田区神田神保町2-4-7 久月神田ビル
TEL 03-5213-4700 FAX 03-5213-4701
https://www.eastpress.co.jp/

印刷所 中央精版印刷株式会社

ISBN978-4-7816-2217-0